Anneli Billina

Deutsch üben

Lesen & Schreiben B2

Hueber Verlag

| 3. | 2. | 1. | | | Die letzten Ziffern |
| 2022 | 21 | 20 | 19 | 18 | bezeichnen Zahl und Jahr des Druckes. |

Alle Drucke dieser Auflage können, da unverändert,
nebeneinander benutzt werden.
1. Auflage
© 2018 Hueber Verlag GmbH & Co. KG, München, Deutschland
Umschlaggestaltung: Sieveking · Agentur für Kommunikation, München
Umschlagfoto: © wong yu liang – stock.adobe.com
Zeichnungen: Irmtraud Guhe, München
Layout und Satz: Sieveking · Agentur für Kommunikation, München
Verlagsredaktion: Hans Hillreiner, Sonja Ott-Dörfer, Katharina Zurek; Hueber Verlag, München
Druck und Bindung: Firmengruppe APPL, aprinta druck GmbH, Wemding
Printed in Germany
ISBN 978-3-19-597493-6

Inhalt

Vorwort 5

A Urlaub mal anders 6

A1 Auf Sommerfrische 6

A2 Deutschlands Burgen und Schlösser 12

A3 Reisetrends der Deutschen 23

B Sprache und Literatur 28

B1 Redewendungen und Sprichwörter 28

B2 Eine Buchbesprechung 34

B3 Der Weg ins Buch: Klappentexte 41

C Gesellschaft und Soziales 46

C1 Praktikum im Kindergarten 46

C2 Der Weg ins Erwachsenenalter 56

C3 Parallelgesellschaften? 62

D Arbeitswelt 68

D1 Kommunikation im Büro 68

D2 Geschäftskommunikation 78

D3 Sitzungen 85

E   **Umwelt und Natur** 93

    E1 Freiwillig und ehrenamtlich 93

    E2 Umweltschutz beim Einkaufen 99

    E3 Alte Sorten und Rassen 106

F   **Religion und Spiritualität** 112

    F1 Auf der Suche 112

    F2 Auszeit im Kloster 123

    F3 Religion heute 130

Lösungen 135

Vorwort

Liebe Lernerinnen, liebe Lerner,

Deutsch üben **Lesen und Schreiben B2** ist ein Übungsbuch für fortgeschrittene Deutschlerner mit Vorkenntnissen auf dem Niveau B1 zum selbstständigen Üben und Wiederholen.

Es eignet sich zur Vorbereitung auf einen Studien- oder Arbeitsaufenthalt in deutschsprachigen Ländern und zur Aufrechterhaltung und Vertiefung vorhandener Sprachkenntnisse. Mit **Lesen und Schreiben B2** können Sie Kurspausen überbrücken oder sich auf die Prüfungen der Niveaustufe B2 des *Gemeinsamen Europäischen Referenzrahmens* vorbereiten.

Deutsch üben **Lesen und Schreiben B2** orientiert sich an den gängigen B2-Lehrwerken und trainiert die genannten Fertigkeiten auf dem Niveau B2. Die abwechslungsreichen Leseverständnis- und Schreibübungen behandeln gesellschaftlich relevante Themen und trainieren den zugehörigen Wortschatz.

Die authentisch gestalteten Texte spiegeln dabei viele wichtige Textsorten wider, die Ihnen in den verschiedenen Medien, in Alltag und Beruf begegnen. Abwechslungsreiche Übungen vertiefen Ihr Leseverstehen und geben Ihnen darüber hinaus mehr Sicherheit im schriftlichen Ausdruck.

Im Anhang finden Sie zu allen Übungen einen ausführlichen, übersichtlichen Lösungsschlüssel.

Viel Freude und Erfolg wünschen
Autorin und Verlag

A Urlaub, mal anders

1 a) Lesen Sie Claudias „Fernweh"-Blog.

Von „Fernweh"
Ab in die Sommerfrische!

Nach einer langen Sendepause lest ihr endlich wieder einen neuen Blog von mir – und werdet euch wundern! Dieses Mal wartet kein spannender Bericht aus dem Regenwald Kambodschas auf euch, ihr lest auch keine Geheimtipps zu den faszinierendsten Metropolen Asiens oder fernwehgesteuerte Packlisten für ausgefallene Roadtrips, Überlebenstraining in den Wäldern Alaskas oder Inselhopping in Griechenland. Dieses Mal begleitet ihr mich zu einem kleinen See im Chiemgau in Bayern, und von dort ist nichts zu berichten, außer, dass es schön ist. Langweilig? Kein bisschen! Ehrlich gesagt war das eine meiner interessantesten Reisen ...

Aber der Reihe nach: Vor ein paar Monaten habe ich zufällig im Radio einen Beitrag über die Entwicklung des Tourismus aus der sogenannten

„Sommerfrische" gehört. Bereits im 19. Jahrhundert fuhren die Könige und Adeligen Europas auf Sommerfrische, um in den heißen Sommermonaten ihren städtischen Residenzen zu entfliehen und sich an malerische ländliche Orte zu begeben. In Deutschland fuhr man in den Norden an die See oder in den Süden. In Bayern oder Österreich konnte man in den Bergen, an den Seen und in den Wäldern das angenehmere und kühlere Klima genießen – im wahrsten Sinne des Wortes die „frische Luft", und davon leitet sich auch tatsächlich der Ausdruck „Sommerfrische" ab! Ich wurde neugierig, wie sich das anfühlt: eine Auszeit ohne große Reise, spektakuläre Ziele, berühmte Sehenswürdigkeiten und ausgefallene Pläne!

Ein Sommer ist lang – zwei, vielleicht sogar drei Monate. Was haben die Menschen damals nur in dieser Zeit gemacht? Spätestens nach zwei Wochen kennt man doch jeden Grashalm und jede Kuh! Ich beschloss, ein Experiment mit mir selbst zu wagen: Wie geht es einem modernen Menschen wie mir, der hungrig ist auf Erlebnisse, Begegnungen und neue Bilder im Kopf – je exotischer, desto besser –, wenn er sechs Wochen ein Zimmer auf einem bayerischen Bauernhof mietet? Ja genau, „nur" sechs Wochen. Ich wollte schließlich nicht übertreiben!

Was es dort zu tun gibt? Spazieren gehen, schwimmen, lesen, Gespräche übers Wetter führen (allmählich habe ich sogar ein bisschen Bairisch verstanden!), im Biergarten sitzen und ein Radler (Alsterwasser) trinken, vielleicht mal eine Bergwanderung unternehmen, und dann wieder von vorn: spazieren gehen, ...

Nach den ersten Tagen, in denen ich mich ehrlich gesagt für verrückt erklärt und verärgert über diese „verlorene" Zeit nachgedacht habe, fing ich plötzlich an, nicht mehr alle zehn Minuten auf mein Handy zu schauen, begann, langsamer zu gehen und erwischte mich dabei, wie ich immer häufiger einfach nur dasaß und meine Gedanken wandern ließ. Ist es das, was wir unter „Entschleunigung" verstehen?

Dann kam der Tag, an dem ich bemerkte, dass mein Handy-Akku leer war und ich einfach keine Lust hatte, ihn aufzuladen, stattdessen mein Handtuch nahm, mir ein leichtes Sommerkleid überzog und zu dem kleinen Waldsee ging, wo ich am Steg einen Kahn entdeckt hatte, der dort seit Tagen unbenutzt lag. Unterwegs zog ich meine Sandalen aus und lief barfuß zuerst über die Wiese, noch feucht vom Morgentau, und dann über den kleinen Pfad durch den Wald. Seid ihr schon einmal barfuß auf Waldboden gelaufen, ganz weich gepolstert von unzähligen Tannennadeln und Blättern? Nach anfänglicher Überwindung – man weiß ja nie, was für Käfer oder Insekten sich hier verstecken! – ein wunderbares Gefühl!

In diesem Kahn liegend verbrachte ich oft Stunden. Ich lauschte dem leisen Plätschern der Wellen, folgte mit meinen Blicken den Wolken, die in meiner Fantasie zu Gesichtern, Tieren und Ungetümen wurden, las ein Buch nach dem anderen und wusste genau, wenn die Mücken zu lästig wurden und der Himmel sich verdunkelte, dass es nun höchste Zeit war, nach Hause zu gehen, da sicherlich bald ein Gewitter kommen würde.

Immer häufiger wurde ich nun auch von der Bäuerin auf ein Glas Milch eingeladen. Es gibt kaum etwas Leckereres als frische Milch direkt aus dem Stall! Da saß ich nun auf der Eckbank in der Küche und sah der Großmutter zu, wie sie am Herd stand und kochte. Ich glaube, sie kochte eigentlich den ganzen Tag! Und wie das schmeckte! Dabei sprachen wir über das Wetter, die Kinder, ihre Rückenschmerzen, und manchmal sprachen wir auch gar nicht und es war einfach nur gemütlich.

Ihr vermutet es schon – es war eine außergewöhnliche, wirklich herrliche Zeit, aus der ich verändert nach Hause zurückkehrte. Natürlich habt ihr recht, jede Reise verändert einen ein wenig. Aber ich hatte mich selten so ausgeglichen, ruhig und „bei mir" gefühlt, stark und allen Anforderungen des Alltags gewachsen, den ich nun wieder bewältigen musste!

Erinnert euch so eine Zeit nicht an eure Kindheit, als ihr einen Sommer wie eine halbe Ewigkeit empfunden habt? Und ihr oftmals von den Eltern bei Oma und Opa „geparkt" wurdet, weil sie arbeiten mussten?

Wenn euch mein Blog gefallen hat und ihr vielleicht auch ein wenig auf eine Reise in die Vergangenheit gegangen seid, dann schreibt mir doch eure Erinnerungen aus dieser Zeit!

1 b) Was ist das Thema dieses Reiseblogs? Kreuzen Sie an.

1. Claudia hat ihre Kindheit auf dem Land verbracht und plant nun aufregende Reisen in die ganze Welt. ☐

2. Claudia möchte wissen, wie die Menschen früher Urlaub gemacht haben, und verbringt deshalb sechs Wochen auf einem Bauernhof in Bayern. ☐

3. Claudia war sechs Wochen auf dem Land in Bayern, aber sie ärgerte sich über die verlorene Zeit und die vielen Mücken, Käfer und Insekten. ☐

1 c) Kreuzen Sie an: Was ist richtig, was ist falsch?

	richtig	falsch
1. Die Leser von Claudias Blog wundern sich, weil sie so lange nichts geschrieben hat.	☐	☒
2. Sie will dieses Mal nicht von außergewöhnlichen oder aufregenden Reisen berichten.	☐	☐
3. Claudias Reise an einen bayerischen See war für sie ein besonderes Erlebnis.	☐	☐
4. Vor 200 Jahren verbrachten die reichen Europäer den Sommer lieber in ihren Stadthäusern als auf dem Land, wo es zu kühl war.	☐	☐
5. Claudia möchte auf ihren Reisen immer ganz besondere Dinge sehen und viel erleben, sonst ist ihr langweilig.	☐	☐
6. Claudia möchte wissen, wie es ihr geht, wenn sie sechs Wochen auf einem bayerischen Bauernhof verbringt.	☐	☐
7. Sie hatte dort viel zu tun und musste sogar Bairisch lernen, um zu erfahren, wie das Wetter wird.	☐	☐
8. Die Zeit verging immer langsamer, und Claudia hatte das Gefühl, in einem Kloster zu leben.	☐	☐
9. Nach einer Weile hatte das Handy keine Bedeutung mehr für Claudia und sie ging lieber zu einem kleinen Waldsee.	☐	☐
10. Claudia geht nicht gern ohne Schuhe durch den Wald, weil sie Angst vor Käfern und Insekten hat.	☐	☐
11. Sie lag gerne in einem kleinen Boot, beobachtete die Wolken und hatte viel Zeit zum Lesen. Wenn zu viele Mücken kamen, ging sie schnell nach Hause, weil dann bald das Wetter schlecht wurde.	☐	☐
12. Auf dem Bauernhof wurde sie oft zu einem Becher frische Milch eingeladen, der sehr gut schmeckte.	☐	☐
13. Wenn Claudia bei der Großmutter in der Küche saß, hatten sie manchmal kein Gesprächsthema mehr und dann fühlte sich Claudia nicht wohl.	☐	☐
14. In diesem Urlaub erholte sich Claudia sehr gut und konnte ihre Arbeit mit neuer Kraft beginnen.	☐	☐
15. Vielleicht hat die Erzählung von Claudia die Leser an ihre eigene Kindheit erinnert und an Sommerferien, die sie bei ihren Großeltern verbracht haben.	☐	☐

1 d) Lesen Sie die Kommentare und ergänzen Sie die Wörter aus dem Schüttelkasten.

1. *Travelguy*:   Hallo *Fernweh*, *tatsächlich* fühlte ich mich durch deinen Blog an

die Sommerferien in meiner Kindheit erinnert. _____

war mir damals wirklich unendlich langweilig. Ich musste

_____ immer meiner Oma bei der Gartenarbeit helfen,

Steine aus den Beeten sammeln und Unkraut jäten. _____ war

es entweder zu heiß oder es hat geregnet, und _____ ich mich

beklagte, bekam ich zu hören: „Du bist _____ nicht aus Zucker!"

tatsächlich • doch • nämlich • allerdings • dabei • wenn

2. *Weltreisende*: Liebe *Fernweh*, das war ja _____ ein langer Ausflug in die

Romantik! Glaubst du _____, dass du auch auf einer

thailändischen Insel auf _____ einen Selbsterfahrungstrip gehen

kannst? Dann wäre es _____ ein bisschen

interessanter. Und Kindheitserinnerungen in dieser Art habe ich auch

_____, denn meine Großeltern wohnten _____ in

der Stadt. Schreib das nächste Mal bitte _____ einen Blog,

wie du es _____ getan hast!

wenigstens • bisher • keine • solch • wohl • mitten • nicht • wieder

3. *Tipiti*:   _____ zu diesem wunderbaren Blog! Und zu

deinem Mut, dich auf so eine Zeit _____! Beim

Lesen bin ich wirklich ins Träumen _____, denn eigentlich

_____ ich mir schon lange, mich auch mal wieder aus

dem Eventtourismus _____ und im

Sommer einfach nichts zu tun, außer ein friedliches Plätzchen auf

dem Land _____. Schön, wenn du dich an

solche Ferien _____ kannst, denn meine Eltern sind

mit mir jedes Jahr irgendwohin in den Süden _____.

Wir _____ stundenlang im Stau und ich habe das als

Kind _____!

wünsche • geraten • erinnern • gehasst • gratuliere • herauszunehmen • standen •
einzulassen • gefahren • aufzusuchen

4. *Globetrotter*: Beeren sammeln im _____ – zerkratzte _____ von

den Dornen – _____ an den Armen – auf

der _____ liegen und sich auf dem _____

treiben lassen – am Abend der Wollpullover auf der vom

_____ heißen Haut – auf einer Wiese einen

_____ hinunterrollen, bis es überall juckt – bei offenem

_____ auf dem Bett liegen und lesen, während

draußen der _____ rauscht – und so weiter! Du siehst,

ich kann mithalten! Vielen Dank für die kleine Reise in die

_____.

Sonnenbrand • Vergangenheit • See • Luftmatratze • Wald • Mückenstiche •
Regen • Beine • Fenster • Hügel

A2 Deutschlands Burgen und Schlösser

2 a) Ordnen Sie die kleinen Texte, die die Burgen und Schlösser und ihre Lage beschreiben, den passenden Bildern zu.

Sie haben auf dem Flohmarkt einen alten Reiseführer über Deutschlands Burgen und Schlösser gefunden. Die Seiten mit den Fotos haben jedoch keine Nummern und liegen nur lose im Buch. Welches Foto gehört zu welchem Text?

1. *Neuschwanstein*
   Das in aller Welt berühmteste Schloss Deutschlands ist das Märchenschloss Neuschwanstein, erbaut vom Bayernkönig Ludwig II. Es liegt vor der Kulisse der bayerischen Berge, in der Nähe des Forggensees. Von dem mit vielen Türmchen, Erkern und Balkonen verzierten Schloss fällt im Osten eine steile Felswand ab, während man von Westen zu Fuß oder mit der Kutsche durch den Wald den Eingang des Schlosses erreichen kann.

2. *Die Burg Hohenzollern*
   Die Burg Hohenzollern mit ihren vielen spitzen Türmen und kleinen Türmchen bedeckt den Gipfel eines bewaldeten Berges, des 855 Meter hohen Hohenzollern. Er liegt am Rande der Schwäbischen Alb in Baden-Württemberg. Von weit her kann man die stattliche Burg erkennen, die stolz die gesamte Region mit ihren Wäldern und Feldern überblickt. Bereits 1061 wurde die Burg, der Stammsitz des preußischen Königshauses, erstmals erwähnt.

3. *Die Wartburg*
   In Thüringen liegt die Wartburg, auf der der Kirchenreformator Martin Luther das Neue Testament aus dem Lateinischen ins Deutsche übersetzte und die darüber hinaus von Goethe gezeichnet wurde. Das mächtige Gebäude liegt 220 Meter über der Stadt Eisenach, am Rande des Thüringer Waldes. Typisch für diese Burg, die in großen Teilen im 19. Jahrhundert restauriert und auch neu gebaut wurde, sind drei unterschiedliche Abschnitte. Die Hauptburg selbst, in der Mitte gelegen, wird von einem viereckigen Turm beherrscht, der in der Mitte ein großes Kreuz trägt.

4. *Schloss Heidelberg*
   Obwohl Schloss Heidelberg eine Ruine ist, die nur teilweise restauriert wurde, ist sie für die Besucherströme aus der ganzen Welt das Symbol für die deutsche Romantik. Bevor es im 17. Jahrhundert zerstört wurde, zählte es zu den prächtigsten Schlössern Europas. Vom anderen Flussufer des Neckars aus hat man einen wunderbaren Blick über die Alte Neckarbrücke auf das 80 Meter höher gelegene Schloss, das majestätisch über der Stadt Heidelberg thront.

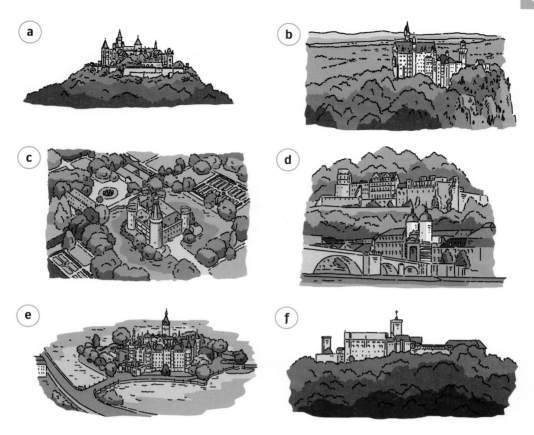

5. *Schloss Schwerin*

In Mecklenburg-Vorpommern befindet sich im Zentrum der Stadt Schwerin auf einer Insel gelegen ein prächtiges Schloss. Die Fassade ist aufwändig restauriert und auch die Innenräume sind reich ausgestattet. Heute tagt hier der Landtag von Mecklenburg-Vorpommern. Durch viele Umbauten im Stile des romantischen Historismus ist eine Art Märchenschloss entstanden, das auch als „Neuschwanstein des Nordens" bezeichnet wird.

6. *Schloss Moyland*

Das alte Wasserschloss in Nordrhein-Westfalen mit der historischen Gartenanlage ist heute ein Museum für moderne und zeitgenössische Kunst. 1307 wurde es bereits zum ersten Mal urkundlich erwähnt und seither häufig umgestaltet, zerstört und wiederaufgebaut. Eine Besonderheit ist der wassergefüllte Burggraben, der das Schloss ganz umgibt – leider ohne Zugbrücke!

1.	2.	3.	4.	5.	6.
b					

2 b) Finden Sie für die zusammengesetzten Nomen die richtige Erklärung und kreuzen Sie an.

1. der Stammsitz

☐ ein Platz auf einem Baumstamm

☒ Wie Äste von einem Baumstamm gehen von dieser Burg viele Familien und Generationen aus.

2. das Königshaus

☐ alle Personen, die zu einer königlichen Familie gehören

☐ das Haus, in dem der König wohnt

3. das Märchenschloss

☐ das Ende eines Märchens

☐ ein Schloss, das so aussieht, wie es in Märchen beschrieben wird

4. die Felswand

☐ die Seite eines Berges, die nur aus Felsen besteht

☐ die Seite eines Zimmers, die aus hartem Stein gemacht ist

5. der Kirchenreformator

☐ ein Mann, der alte Kirchen repariert

☐ ein Mann, der die katholische Kirche erneuerte und veränderte, mit der Folge, dass sich die christliche Kirche in Katholiken und Protestanten teilte

6. die Hauptburg

☐ der wichtigste und größte Teil einer Burganlage

☐ die Burg, die wichtiger und größer ist als alle anderen Burgen im Land

7. der Besucherstrom

☐ die Elektrizität, die von vielen Menschen ausgeht

☐ viele Touristen, die wie ein großer Fluss in das Schloss strömen

8. das Wasserschloss

☐ ein Schloss, in dem es viele Badezimmer und Schwimmbäder gibt

☐ ein Schloss, das von einem Wassergraben oder einem See umgeben und somit durch Wasser geschützt ist

9. die Gartenanlage

☐ ein genau nach Plan geformter großer Garten oder Park

☐ ein Talent für Blumen und Pflanzen

10. der Burggraben

☐ ein Loch in der Erde, in das eine Burg gebaut wurde

☐ eine durchgehende Vertiefung in der Erde um eine Burg herum, damit Feinde die Burg nicht leicht erreichen können

11. die Zugbrücke

☐ eine Brücke über einem Wassergraben, die man hochziehen kann, damit niemand darübergehen kann

☐ eine Brücke für einen Zug

2 c) Im Reiseführer über die Burgen und Schlösser Deutschlands findet sich auch ein Exkurs über das Leben im Mittelalter. Lesen Sie die Sätze auf S. 20 und schreiben Sie sie an die jeweils passende Stelle in die Zeilen im Text.

Mittelalterlicher Alltag

1. Die Besucher einer im Mittelalter erbauten Burg denken meist nur an Krieg, Angriff, Verteidigung und Belagerung. *Das ist naheliegend, wenn man* _____

    _____

    _____

    _____

    _____

    _____

    _____

    _____

    _____. Falls diese Brücke auch noch eine Zugbrücke war, konnte sie sogar eingezogen werden und niemand erlangte mehr Zutritt zu der Burg, der nicht die Erlaubnis dazu hatte.

2. _____

    _____

    _____

    _____

    _____

    _____

    _____

    _____.

Deshalb war er einen Großteil seiner Zeit mit Verwaltungsaufgaben beschäftigt, denn es konnten mehrere Hundert Menschen auf einer größeren Burg leben. Dazu zählte das Küchenpersonal, die Arbeiter für die Felder, Wälder und Weinberge und die Handwerker. Für die Pferde und die Herstellung von Waffen und Werkzeug brauchte man Schmiede, für Bau- oder Ausbesserungsarbeiten an der Burg benötigte man Steinmetze und Zimmermänner. _____

_____

_____

_____

_____

_____

_____

3. Neben der Verwaltung war es auch die Pflicht des Burgherrn, Recht zu sprechen.

_____

_____

_____

_____

_____

4. Bei jeder Burg kann man ihre verschiedenen Abschnitte erkennen. Gut geschützt in der Mitte lag der Palas: Hier wohnte der Burgherr mit seiner Familie, war die Verwaltung untergebracht und wurden die großen Feste gefeiert. _____

_____

_____

_____

_____

_____

5. Die Tage der Burgbewohner waren von der Morgendämmerung an bis zum Sonnenuntergang mit Arbeit ausgefüllt. Die Abende verbrachten sie in kleinen Kammern, da diese leichter zu beleuchten und zu heizen waren.

6. _____

_____

_____

_____

_____

_____

_____

7. So, wie der Tagesablauf von der Sonne beherrscht wurde, regelten die Jahreszeiten den Jahresablauf. Im Winter wurde es in den meisten Räumen, die das ganze Jahr über schon kalt und feucht waren, wirklich unerträglich kalt.

_____

_____

_____

_____

_____

_____

_____

_____

_____

8. Die hygienischen Verhältnisse auf einer Burg waren äußerst bescheiden. Man wusch sich nur, wenn es sehr nötig war, dazu mit kaltem Wasser. Ein warmes Bad war hin und wieder allein dem Burgherrn vorbehalten. Folglich waren Läuse sehr verbreitet und man konnte sie nur bekämpfen, indem man sie mehrmals täglich aus den Haaren kämmte. Auch der Kampf gegen Mäuse und Ratten war wenig erfolgreich.

9. _____

_____

_____

_____

_____

_____

_____ Nun gab es die köstlichsten Speisen, erlesene Weine, Tänze, Musik und manchmal auch Darbietungen vom sogenannten „fahrenden Volk". Diese Leute – sie waren Artisten, Messerschlucker, Feuerspucker, Zauberer oder Dompteure – reisten von Dorf zu Dorf, führten ihre Kunststücke vor und sangen ihre Lieder, die eine Art „Zeitung" des Mittelalters darstellten und Neuigkeiten übers Land verbreiteten.

10. _____

_____

_____

_____

a) Nicht zuletzt aus diesem Grund gehörte zu jeder Burg ein Verließ, ein finsteres Gefängnis, wo Verbrecher oder Kriegsgefangene ihre Strafe absitzen mussten.

b) Die Arbeit diente hauptsächlich der Ernährung von allen. Getreide, in Form von Brot, Brei und Bier, war dabei das Hauptnahrungsmittel. Die Tiere waren meist zu wertvoll und mussten bei der Arbeit helfen, deshalb gab es selten Fleisch, und wenn, dann meist von alten Tieren.

c) Das ist naheliegend, wenn man die dicken Burgmauern und die exponierte Lage der Burgen betrachtet. Hohe Türme ermöglichten es den Burgbewohnern, das Land weit zu überblicken und Feinde, die sich näherten, frühzeitig zu entdecken. Ein tiefer Burggraben, über den nur eine Brücke führte, erschwerte die Annäherung zusätzlich.

d) Umgeben waren der Palas und der Burghof von einem Mauerring, an dem die Häuser für das Personal, die Ställe für die Tiere, die Werkstätten und die Küche mit den Vorratsräumen lagen.

e) Dennoch: Es war ein hartes Leben, das unsere Vorfahren führten, und viel weniger romantisch, als es in so manchen Filmen erscheint!

f) Außerdem mussten die Tiere versorgt werden; eine Aufgabe, die der Stallmeister versah, und manchmal gab es für die Jagdhunde und das Wild in den Wäldern sogar Jagdmeister mit ihren Gehilfen.

g) Bei all diesen sehr harten Lebensbedingungen darf man jedoch die großen Feste nicht vergessen. Wenn andere Adelige zu Besuch kamen, Turniere veranstaltet oder Hochzeiten gefeiert wurden, gab es ein Fest, das oft sogar mehrere Tage dauerte.

h) Also zogen sich die Burgbewohner in einige wenige Räume zurück und konnten dort nur untätig warten, bis der Winter vorüber war. Einige höher gelegene Burgen waren durch den Schnee sogar von der Umwelt abgeschnitten und allein auf ihre Vorräte angewiesen.

i) Allerdings waren diese kriegerischen Zeiten in Wirklichkeit sehr selten im Gegensatz zum ganz normalen Alltag. Ein Burgherr hatte in erster Linie die Aufgabe, seine Familie, das Personal, alle Burgbewohner und die Gebiete, die zur Burg gehörten, zu versorgen.

1.	2.	3.	4.	5.	6.	7.	8.	9.	10.
c									

2 d) Lesen Sie die Kapitelüberschriften und ordnen Sie die Textabschnitte aus 2 c) zu.

A. Der Tagesablauf: *(5)*

B. Feiern auf Burgen: _____

C. Gut geschützt und sicher gelegen: _____

D. Das Leben auf einer Burg im Winter: _____

E. Die Aufgaben eines Burgherrn: _____

F. Körperpflege im Mittelalter: _____

G. Die Anlage einer Burg: _____

H. Resümee: _____

I. Die Erzeugung von Lebensmitteln: _____

J. Das Recht im Mittelalter: _____

2 e) Sagen Sie es anders: Wie können Sie die Lücken ergänzen, damit die Bedeutung des Satzes dieselbe bleibt?

1. Hohe Türme ermöglichten es den Burgbewohnern, das Land weit zu überblicken.

    Durch hohe Türme hatten *die Burgbewohner die Möglichkeit*, ...

2. Ein tiefer Burggraben erschwerte die Annäherung von Feinden zusätzlich.

    Ein tiefer Burggraben machte _____

    _____

    _____

3. Ein Burgherr hatte in erster Linie die Aufgabe, seine Familie und alle Burgbewohner zu versorgen.

    Für _____ war _____

    _____

    _____

    _____ die _____ Aufgabe.

4. Getreide war dabei das Hauptnahrungsmittel.

    Hauptsächlich _____ die Menschen _____ Getreide.

5. So, wie der Tagesablauf von der Sonne beherrscht wurde, regelten die Jahreszeiten den Jahresablauf.

    So, wie die Sonne den Ablauf _____,

    wurde _____

    _____.

6. Im Winter wurde es in den meisten Räumen wirklich unerträglich kalt.

    Im Winter war _____ in den meisten Räumen wirklich unerträglich.

7. Ein warmes Bad war hin und wieder allein dem Burgherrn vorbehalten.

    Das Vorrecht auf _____ hatte allein

    _____.

8. Folglich waren Läuse sehr verbreitet und man konnte sie nur bekämpfen, indem man sie mehrmals täglich aus den Haaren kämmte.

    Folglich waren Läuse sehr verbreitet und ihre _____ war nur

    _____ mehrmals _____

    der Haare.

9. Auch der Kampf gegen Mäuse und Ratten war wenig erfolgreich.

    Auch der Kampf gegen Mäuse und Ratten hatte _____.

10. Wenn andere Adelige zu Besuch kamen, Turniere veranstaltet oder Hochzeiten gefeiert wurden, gab es ein Fest, das oft sogar mehrere Tage dauerte.

    _____ anderer Adeliger, _____

    von Turnieren oder Hochzeiten, gab es ein Fest, oft sogar _____ mehrere Tage.

11. Es war ein hartes Leben, das unsere Vorfahren führten, und viel weniger romantisch, als es in so manchen Filmen erscheint!

    Es war ein hartes Leben, das unsere Vorfahren führten, und mit viel weniger

    _____ als _____!

A3 Reisetrends der Deutschen

3 a) Lesen Sie den Artikel aus dem Magazin „Reisefieber" und ergänzen Sie die Wörter aus dem Schüttelkasten.

> Erzählungen • anbelangt • steigenden • egal • durchschnittlich • weist ... hin • Schwankungen • erkundigt • ~~beherrschenden~~ • Anteil • begeben • Kurs • fehlenden • zum Trotz • Anschläge • berichtet • gut verdienenden • Abenteuern • vorn • bevorzugten • bescheinigt • Wahl • Reiseveranstaltern • geringen • Vergleich • Spitze • Billiganbieter • Verschiebungen • zufolge • ausgegeben • abseits • gilt • Tendenz • Prozentsatz • darstellen • Geister • angesteuert • erlebten • wachsende • auffällig • heutzutage • Hauptrolle • Hauptsache

Reiseweltmeister Deutschland

Eines der _beherrschenden_ Small-Talk-Themen auf jeder Party ist der Urlaub. Man

_____ (1) sich nach dem diesjährigen Reiseziel, _____ (2)

von vergangenen Urlaubsreisen und lauscht voll sehnsüchtigem Interesse den

_____ (3) besonders wagemutiger Reisender, die _____ (4)

vom Pauschaltourismus Außergewöhnliches entdeckten und _____ (5).

Kein Deutscher, der nicht dazu etwas zu erzählen hat oder liebend gern diesen

_____ (6) zuhört, um sich im Geiste auf eine Traumreise zu

_____ (7).

Einer Untersuchung _____ (8) ist jeder Deutsche im Jahr

_____ (9) 12,6 Tage auf Reisen, _____ (10)

steigend. Der Präsident des Bundesverbandes der Deutschen Tourismuswirtschaft

_____ (11) den Deutschen eine ungebrochene Reisefreude, trotz der

Flüchtlingsströme und der Gefahr terroristischer _____ (12). Die Gründe

dafür sieht er in den _____ (13) Löhnen, der _____ (14)

Arbeitslosigkeit und dem _____ (15) Willen zum Sparen.

Besonders _____ (16) nahm die Reisezeit pro Jahr bei jungen

_____ (17) weiblichen Erwachsenen zu, die häufig im

Internet surfen. Dem Internet kommt bei den Buchungen von Reisen eine deutlich

_____ (18) Bedeutung zu. Dennoch wurden im letzten Jahr immer noch

42 % der Reisen bei _____ (19) gebucht und

32 % in einem Reisebüro.

Was die Reiseziele _____ (20), liegt das Inland mit 29 % an der

_____ (21), führend dabei sind die Urlaubsorte in den Bergen oder an den

Küsten. Die Mittelmeerregion rangiert jedoch, _____ (22)

inbegriffen, weiterhin ganz _____ (23) bei den ausländischen Urlaubszielen. 13 % der

ins Ausland reisenden Deutschen haben letztes Jahr ein Domizil in Spanien gewählt, hier

spielt die beliebte Insel Mallorca eine _____ (24). 8 %

_____ (25) Italien, 7 % die Türkei und 5 % Österreich. Der Managing

Director von Globus-Reisen _____ (26) zwar auf eine gewisse Dynamik _____,

die je nach politischer Lage, besonders jedoch nach terroristischen Anschlägen zu

kleineren _____ (27) bei der Zielsetzung der Reisenden

führt, in den Grundzügen jedoch hat sich die Nachfrage bislang kaum verändert. Zu

einem etwas geringeren _____ (28) als die südlichen Reiseziele

folgen westeuropäische Länder, dann mit gut 7 % Osteuropa und mit knapp 3 %

Skandinavien, aber auch Fernreisen stehen mit über 8 % hoch im _____ (29).

Bisher _____ (30) Deutschland als Reiseweltmeister. Das geht soweit, dass immerhin

für 58 % der Deutschen die Urlaubskosten den größten Posten an Ausgaben im Jahr

_____ (31). Über 70 Milliarden Euro werden in Deutschland pro Jahr für

Auslandsreisen _____ (32). Dennoch scheiden sich auch in puncto

Kosten die _____ (33). Für einen Teil der Deutschen ist es völlig egal, wohin die

Reise geht, _____ (34), es ist billig. Für einen anderen Teil ist gerade

die Qualität des Urlaubsortes von größter Bedeutung, _____ (35), wie viel es kostet.

Das Mittel der _____ (36), um an den Urlaubsort zu kommen, ist das Flugzeug.

Im _____ (37) zu 1980, wo nur 14 % dieses Verkehrsmittel nutzten, ist –

allen ökologisch begründeten Warnungen _____ (38) – der

_____ (39) der Flugreisenden bei den Urlaubern auf 44 % gestiegen. Grund

dafür ist zum einen, dass _____ (40) es ermöglichen, an

preiswerte Flugtickets zu kommen, aber auch, dass immer häufiger exotische Traumziele

_____ (41) werden.

Wie sagte einst um 1800 Matthias Claudius: „Wenn einer eine Reise tut, dann kann er

was erzählen. Drum nähme ich den Stock und Hut, und tät das Reisen wählen." Nur sind

es _____ (42) doch eher Flugticket und Rucksack.

3 b) Kreuzen Sie an: Welcher Satz ist jeweils die korrekte Zusammenfassung?

richtig

1. Jeder Deutsche unterhält sich gern übers Reisen, besonders gern über den Pauschaltourismus. ☐

   Die Deutschen tauschen sich gern über ihre Reisepläne und Reiseerlebnisse aus und sind besonders interessiert an außergewöhnlichen Erlebnissen. ☒

2. Jeder Deutsche verbringt im Schnitt jährlich fast zwei Wochen als Tourist. ☐

   Jedes Jahr machen die Deutschen eine Urlaubsreise, die genau 12,6 Tage dauert. ☐

3. Die Deutschen reisen weiterhin gern, obwohl die Sicherheit auf Reisen nicht immer gegeben ist. ☐

   Wegen dramatischer politischer Ereignisse freuen sich die Deutschen nicht mehr auf Auslandsreisen. ☐

4. Die Deutschen reisen viel, egal, ob sie gut verdienen oder arbeitslos sind. ☐

   Die gute finanzielle Lage der meisten Deutschen ist der Grund für ihre Lust auf Reisen. ☐

5. Das Internet spielt bei der Planung von Reisen eine wichtige Rolle. ☐

   Nur Frauen, die gut verdienen, buchen ihre Reisen im Internet. ☐

6. Die meisten Reisen der Deutschen gehen ins Ausland. ☐

   Reiseziele in Deutschland sind bei den Deutschen nicht beliebt. ☐

7. Bei unsicherer politischer Lage verändern sich die Reiseziele nur wenig. ☐

   Wegen der Dynamik von Terroranschlägen unternehmen viele Deutsche lieber Zugreisen. ☐

8. Die meisten Reisen der Deutschen gehen auf andere Kontinente. ☐

   Die meisten Auslandsreisen der Deutschen gehen in europäisches Umland. ☐

9. Die Deutschen geben jedes Jahr viel Geld für ihren Urlaub aus, ☐
   ungefähr 58 % von ihrem Einkommen.

   Der Urlaub ist vielen Deutschen so wichtig, dass sie dafür von ☐
   ihrem Jahreseinkommen am meisten ausgeben.

10. Manche Deutschen wollen einen besonders preiswerten Urlaub ☐
    machen, wobei die Wahl des Ortes keine Rolle spielt, für andere
    wiederum ist unwichtig, wie viel Geld sie ausgeben.

    Für alle Deutschen spielen weder die Kosten noch der Urlaubsort ☐
    eine Rolle, Hauptsache, sie müssen nicht zu Hause bleiben.

11. Aus ökologischen Gründen nehmen immer weniger Deutsche ☐
    das Flugzeug, um an ihren Urlaubsort zu kommen.

    Leider gibt es immer mehr Urlauber, die mit dem Flugzeug reisen, ☐
    obwohl es so schlecht für die Umwelt ist.

12. Es gibt sehr billige Fluggesellschaften, was Flugreisen für viele ☐
    Menschen attraktiv macht.

    Von Billiganbietern werden nur Fernreisen angeboten. ☐

13. Schon um 1800 sind die Menschen auf Reisen gegangen, allerdings ☐
    sind sie zu dieser Zeit hauptsächlich gewandert.

    Auch in der Vergangenheit wären die Menschen gern gereist, ☐
    aber damals war das noch nicht möglich.

B Sprache und Literatur

B1 Redewendungen und Sprichwörter

1 a) Lesen Sie die kurzen Artikel aus einem Lexikon zur Herkunft von Redewendungen und Sprichwörtern und ordnen Sie zu: Welche der Umschreibungen (= Bedeutungen) aus dem Schüttelkasten passt?

verlieren, Pech haben, benachteiligt werden
~~Geduld haben, geduldig sein~~
jemanden ganz weit weg wünschen
jemand hat endlich etwas verstanden
eine Idee von jemand anderem imitieren, etwas nachahmen
treu sein, solidarisch sein, jemanden auch in schlechten Zeiten nicht verlassen
allmählich die Hoffnung oder den Mut verlieren, seine Interessen gefährdet sehen
sich mutig für etwas einsetzen, engagieren, gegen eine Ungerechtigkeit kämpfen

1. *abwarten und Tee trinken*

   Diese Redewendung gibt es seit dem 19. Jahrhundert. Damals blieb vielen Kranken nichts anderes übrig, als ohne ärztliche Versorgung im Bett zu bleiben, einen Tee aus Heilkräutern zu trinken und ruhig abzuwarten, bis der Körper sich von selbst wieder erholt hatte.

   Bedeutung: _Geduld haben, geduldig sein_

2. *mit jemandem durch dick und dünn gehen*

   Zum ersten Mal findet sich diese Redewendung in einer Schrift aus dem 17. Jahrhundert. Das Adjektiv „dick" hat hier die Bedeutung „dicht" und bezieht sich auf dicht oder dünn bewachsene Wälder. Waren die Menschen früher auf Reisen, mussten sie einsame Wälder durchqueren und waren vielen Gefahren ausgesetzt. Räuber und Diebe überfielen häufig die Reisenden. Wie froh war man also, einen Freund an der Seite zu haben, auf den man sich verlassen konnte!

   Bedeutung: _____

3. *bleiben, wo der Pfeffer wächst*

   Bereits 1512 ist schriftlich festgehalten, dass eine unerwünschte Person doch am besten dort bleiben solle, wo der Pfeffer wächst. Als Heimat des Pfeffers ist Indien bekannt, also ein Land, das viele Jahrhunderte, bis zur Erfindung der Flugreisen, nur unter größten Mühen erreichbar und weit entfernt war.

   Bedeutung: _____

4. *Trittbrettfahrer*

   Busse und Trambahnen hatten früher noch außen am Fahrzeug eine Stufe montiert, ein Trittbrett, wodurch man leichter einsteigen konnte. Da die öffentlichen Verkehrsmittel früher sehr langsam gefahren sind, sind manche Leute sogar während der Fahrt zugestiegen und umsonst mitgefahren. Sie bekamen also etwas, ohne dafür etwas zu tun.

   Bedeutung: _____

5. *auf die Barrikaden gehen*

   Seit der Französischen Revolution waren die „barricades", die Straßenabsperrungen, auch in Deutschland bekannt. 1848 erfassten die Proteste gegen den König und die herrschende Klasse auch die deutschen Staaten.

   Bedeutung: _____

6. *den Kürzeren ziehen*

Mit Gras- oder Strohhalmen hat man im Mittelalter Urteile gefällt. Wenn zwei Parteien im Streit lagen, hielt einer Halme in der geschlossenen Hand, die oben am sichtbaren Ende gleich lang aussahen; im Inneren der Hand versteckt war jedoch ein Halm kürzer als der andere. Wer den kurzen Halm zog, hatte unrecht, die Partei mit dem langen Halm bekam recht. Das galt als Gottesurteil und wurde akzeptiert.

Bedeutung: _____

7. *der Groschen ist gefallen*

Ein Groschen war in deutschsprachigen Ländern lange Zeit die kleinste Münze. Im letzten Jahrhundert gab es viele mechanische Verkaufsautomaten für verschiedenste Dinge: Briefmarken, Kaugummis, Süßigkeiten oder Getränke. Man konnte einen Groschen einwerfen, dann bekam man die Ware. Manchmal dauerte es allerdings, bis der Groschen hinunterfiel und man zum gewünschten Ergebnis kam.

Bedeutung: _____

8. *seine Felle davonschwimmen sehen*

Für das Verarbeiten von Tierhäuten zu Leder für Sättel, Stiefel und Schuhsohlen braucht man viel Wasser. In früherer Zeit wurde deshalb diese Arbeit direkt an Flüssen erledigt. Passte man nicht gut auf, konnte ein Fell ins Wasser fallen und davonschwimmen.

Bedeutung: _____

1 b) Lesen Sie im Folgenden Elsas Tagebucheinträge und formulieren Sie die markierten Teile in eine passende Redewendung aus 1 a) um.

1. *Donnerstag, 14. Mai*

Stundenlang habe ich heute am Schreibtisch gesessen und versucht, einen passenden Schluss für meine Seminararbeit zu finden. Irgendwann habe ich ganz verzweifelt Alexander angerufen. Er hat mir ein paar gute Tipps gegeben und irgendwann

bin ich dann endlich auf die Lösung gekommen!   *ist dann endlich der Groschen gefallen!*

Nun kann ich beruhigt ins Bett gehen. Morgen schaffe ich es bestimmt, fertig zu werden!

2. *Samstag, 16. Mai*

Von wegen: „Ich schaffe es bestimmt, fertig zu werden!" Den ganzen Tag waren Handwerker in der Wohnung über mir und haben einen unbeschreiblichen Krach gemacht. Ich konnte mich einfach nicht konzentrieren, und mit jeder Stunde

habe ich mehr die
Hoffnung verloren.

Keine Chance, das Ganze vor dem Wochenende abzuschließen! Also sitze ich bei schönstem Sonnenschein wieder ... am Schreibtisch! ☹

3. *Sonntag, 17. Mai*

Ach, wenn ich Alexander nicht hätte! Er kam heute zum Frühstück und saß dann geduldig mit mir über den letzten Seiten, bis wirklich alles fertig war. Morgen gehe ich zum Copyshop und dann gebe ich ab! Es ist einfach wunderbar, einen Freund zu haben,

der auch in schlechten
Zeiten für einen da ist.

Denn eine fröhliche, ausgeglichene Freundin und interessante Gesprächspartnerin war ich in letzter Zeit ganz bestimmt nicht ...

4. *Montag, 18. Mai*

Klar, wer am letzten Tag zum Copyshop geht, ist dort nicht allein ... Es gab eine ewig lange Schlange und ich musste mindestens eine Stunde warten. Da bleibt einem nichts anderes übrig, als

Geduld zu haben!

Aber jetzt liegt die Arbeit vor mir, kopiert, gebunden und fertig zur Abgabe! Das Büro in der Uni öffnet wieder um 15 Uhr – und dann kann für mich der Sommer beginnen! ☺

5. *Montagabend*

Ein Drama ohne Ende – natürlich war das Uni-Büro heute Nachmittag wegen Krankheit geschlossen! Und die schaffen es nicht, eine Vertretung zu organisieren? Personalmangel, Sparmaßnahmen, Überlastung der Verwaltungsmitarbeiter – das sind die Schlagworte, die man zu hören bekommt, wenn man andere Regelungen fordert und darauf aufmerksam macht, wie viele Studenten froh um einen Nebenjob wären! Das ist wirklich Grund genug, um

dagegen zu protestieren! _____

_____

Aber was mache ich jetzt mit meiner Arbeit? Professor Tiller wird schon Verständnis haben, hoffe ich!

6. *Dienstag, 19. Mai*

Gerade habe ich Nachrichten gehört und verstehe die Welt nicht mehr. Nach diesem schrecklichen Bombenattentat letzten Samstag gab es gestern und heute drei weitere Bombendrohungen! Es gibt also tatsächlich Leute, die das aufregend fanden und

durch die Nachahmung _____
dieser Tat

_____

die Menschen zumindest erschrecken wollen. Oft handelt es sich ja um Attrappen – aber wer kann das genau sagen? Das alles deprimiert mich so sehr ...

7. *Mittwoch, 20. Mai*

Zurück zu meiner kleinen Alltagstragödie: Professor Tiller antwortete mir heute, er habe eigentlich kein Verständnis dafür, dass man eine Seminararbeit im allerletzten Moment abgeben müsse, insofern sei das geschlossene Büro auch keine ernst zu nehmende Entschuldigung. Manchmal denke ich, die Uni könnte in der Tat gut auf einen Professor Tiller verzichten –

ich wünsche ihn ganz _____
weit weg!

_____

Aber da er mir ja noch eine gute Note für meine Seminararbeit geben soll, werde ich also einen ganz schuldbewussten Entschuldigungsbrief schreiben und dann nie mehr ein Seminar bei ihm belegen!

8. *Freitag, 22. Mai*

Ich bin so traurig und enttäuscht ... Die ganze Woche hatte ich mich darauf gefreut, mit Alexander übers Wochenende in die Berge zu fahren. Eigentlich war es ja auch seine Idee gewesen, damit ich mich von den anstrengenden letzten Wochen ein bisschen erholen kann. Und heute Nachmittag kommt ein Anruf, dass ganz überraschend sein Bruder aus Köln gekommen ist und das Wochenende bei ihm verbringen will! Da habe ich wohl

Pech gehabt ...   _____

_____

Und was mache ich jetzt dieses Wochenende???

1 c) Wie wirkt der Text durch die Redewendungen? Kreuzen Sie an:

☐   1. akademischer und präziser

☐   2. trockener und langweiliger

☐   3. lebendiger und anschaulicher

B2 Eine Buchbesprechung

2 a) Lesen Sie den folgenden Text und ordnen Sie den Abschnitten die passenden
Überschriften zu.

a) Fünf starke Frauen, die leben und lieben wollen

b) Schutz für eine junge Mutter ohne Ehemann

c) Ein Roman, der nicht allen Problemen auf den Grund gehen möchte

d) Gestaltung eines vertrauten Platzes für Menschen in der Fremde

e) Und doch bleibt vieles an der Oberfläche

f) Fundierte Kenntnisse der Situation der Frauen in Afghanistan aufgrund
eigenen Engagements

g) Eine wohlhabende Frau wird geliebt – oder nicht?

h) Das Kaffeehaus als neuer Lebensmittelpunkt

i) Unter Einsatz des Lebens

j) Eine heimliche Liebe, die nicht sein darf?

f Fundierte Kenntnisse der Situation der Frauen in Afghanistan aufgrund eigenen Engagements

1. Der Roman „Das kleine Kaffeehaus in Kabul" von Deborah Rodriguez erschien 2011 im Verlag Sphere. Er beruht auf den persönlichen Erfahrungen der Schriftstellerin, die selbst einige Jahre in Afghanistan lebte und dort zuerst einen Schönheitssalon und dann ein Kaffeehaus eröffnete, mit dem Ziel, afghanischen Frauen Arbeitsmöglichkeiten zu bieten und sie somit auf ihrem Weg in die finanzielle Unabhängigkeit zu unterstützen.

☐ _____

2. Kabul nach dem Sturz der Taliban ist kein sicherer Platz für ein kleines gemütliches Kaffeehaus. Dennoch versucht Sunny, eine junge energische Amerikanerin, genau das zu schaffen: ein zweites Zuhause für die, die weit weg sind von daheim.

☐ _____

3. Sunny selbst ist mit ihrem Lebensgefährten aus dem Süden der USA gekommen. Während Tommy immer wieder auf unbestimmte Zeit verschwindet und geheime Aufträge gegen beste Bezahlung erledigt, geht Sunny in ihrer neuen Aufgabe auf und wartet allmählich nicht mehr so sehnsuchtsvoll darauf, dass er eines Tages plötzlich wieder in der Tür steht.

☐ _____

4. Die Besitzerin des Gebäudes, die 60-jährige Halajan und Mutter des Türstehers Ahmed, ist eine außergewöhnliche Frau. Aufgewachsen in der Zeit vor der Taliban-Regierung, hat sie sich nicht nur ihr freies Denken, sondern insgeheim auch die große Liebe ihres Lebens bewahrt, weshalb ihr sehr orthodox denkender Sohn seine Ehre und die seiner Mutter bedroht sieht.

☐ _____

5. Doch auch Yazmina, die Sunny bei sich aufgenommen hat, ist durch ihr wohlbehütetes Geheimnis eine Bedrohung für alle: Sie wurde von Warlords aus ihrem Bergdorf entführt. Als diese aber ihre Schwangerschaft entdeckten und sie somit für die Prostitution unbrauchbar war, wurde sie misshandelt, auf den Straßen Kabuls ausgesetzt und landete auf Umwegen und mit viel Glück unter Sunnys Schutz im kleinen Kaffeehaus – ein weiterer Verstoß gegen die strengen Regeln und Sitten.

☐ _____

6. Zu diesem Trio kommen nun noch zwei Amerikanerinnen hinzu: Candace und Isabel. Die reiche Candace hat ihren Mann verlassen, um mit ihrem afghanischen Liebhaber nach Kabul zu gehen und sich für eine vermeintlich gute Sache zu engagieren, doch nun merkt sie nach und nach, dass er nur ihr Geld, nicht sie, liebt.

☐ _____

7. Isabel hingegen, eine engagierte Journalistin, trägt schwer an einem Erlebnis aus ihrer Vergangenheit. Sie ist auf der Suche nach der Geschichte ihres Lebens und riskiert viel. Sie ist die einzige der fünf Frauen, die am Ende beim Versuch, Candace zu schützen, verliert.

☐ _____

8. Die Enttäuschung, die Angst, die Trauer, die Hoffnung, die Liebe und besonders der ungebrochene Wille all dieser Frauen, trotz Krieg, Terror und Zerstörung ein selbstbestimmtes, glückliches Leben zu führen, gehen einem nahe. Die Protagonistinnen sind allesamt lebendig herausgearbeitete Charaktere, die man gerne durch das Buch begleitet und von denen man sich am Ende der Seiten nicht verabschieden möchte.

☐ _____

9. Und dennoch: Es gibt einige Handlungsstränge, die im Nichts verlaufen. So wunderbar ein Happy End auch ist, fast alle diese Lebensgeschichten gehen am Ende allzu glatt auf. Das hat zwar beim Lesenden einen wunderbaren Wohlfühleffekt, hinterlässt aber auch das unbefriedigende Gefühl, trotz der guten Recherche und der lebensnahen Schilderung der Situation der Protagonisten in einem Krisengebiet, eine Soap-Opera zu lesen.

☐ _____

10. Deborah Rodriguez gelingt es in einfacher und dennoch poetischer Sprache, ein vielschichtiges Bild von den Hauptdarstellerinnen, ihren Gefühlen und ihrem Leben im und um das Kaffeehaus zu malen. Entfernt sich die Handlung von diesem Lebensumfeld, das sicherlich auch der Autorin das vertrauteste ist, erreichen Sprache und Darstellungskraft des Romans nicht die Kraft und Tiefe, die möglich wäre. Schlussendlich ist das aber auch eine Frage des Genres.

2 b) Lesen Sie die Sätze im Schüttelkasten und ordnen Sie sie. Dann verfassen Sie den Buchkommentar neu so, wie er im Internet stehen könnte.

1. *Ein wunderbares Buch!* _____

_____

_____

_____

_____

_____

_____

_____

_____

_____

_____

_____

1.	2.	3.	4.	5.
b				

a) Dort fühlt man sich schnell vertraut und leidet oder freut sich mit den Frauen, die da zusammen leben.

b) Ein wunderbares Buch!

c) Die Autorin versteht es, einen mitzunehmen nach Kabul und in das kleine Kaffeehaus.

d) Deshalb ist es mehr als nur eine der üblichen Frauengeschichten und ich kann das Buch nur wärmstens empfehlen.

e) Außerdem gibt es interessante Informationen über Afghanistan und das Leben der Menschen in diesem Land.

2. _____

_____

_____

_____

_____

_____

_____

_____

_____

_____

_____

_____

_____

_____

_____

1.	2.	3.	4.	5.	6.	7.	8.	9.

a) Weil mir bewusst wurde, wie engstirnig und beladen von Vorurteilen mein Denken häufig ist.

b) Und die Menschen haben dieselben Ängste, Hoffnungen, Träume und Sehnsüchte.

c) Während der Lektüre dieses Buchs habe ich mich manchmal ein wenig geschämt.

d) Afghanistan ist nur ein Beispiel dafür.

e) Eigentlich ist dort nichts anders als hier, in unserem Leben.

f) Warum, fragen Sie?

g) Deshalb, Dank an die Autorin für dieses Buch!

h) Wenn einem das Leben und die Gedanken der Menschen in Afghanistan so nahegebracht werden, wie es Deborah Rodriguez gelingt, merkt man plötzlich:

i) Diese Erkenntnis kann man auf alle Länder der Erde übertragen.

3. _____

_____

_____

_____

_____

_____

_____

_____

_____

_____

_____

_____

1.	2.	3.	4.	5.	6.	7.

a) Nun gut, vielleicht nicht alles, immerhin haben wir ja ein Opfer eines Bombenattentats.

b) Dieses Buch ist einfach überflüssig, wie so viele andere typische Frauenromane dieser Art.

c) Schade!

d) Insgesamt hat mich die Geschichte einfach gelangweilt, da ich immer genau wusste, was als Nächstes passieren würde.

e) Da geht es immer um die Liebe in verschiedenen Variationen, und am Ende geht alles gut aus.

f) Und ich hatte bis zur letzten Seite recht.

g) Aber das, die Angst vor möglichen Attentaten, ist auch das Einzige, was daran erinnert, dass die Handlung in Afghanistan spielt.

4. _____

_____

_____

_____

_____

_____

_____

_____

_____

_____

_____

_____

_____

_____

_____

1.	2.	3.	4.	5.	6.	7.	8.	9.	10.

a) Keine einzige dieser Figuren ist vielschichtig oder gar in sich widersprüchlich.

b) Ich wollte es wirklich gern lesen und habe es ohne Vorurteile begonnen, aber es gab zu viele Dinge, die ich nicht akzeptieren kann.

c) Aber vielleicht habe ich auch einfach zu viel von diesem Buch erwartet!

d) Das kann ich leider gar nicht verstehen.

e) Es muss für mich wirklich kein hochliterarisches Werk sein, aber dass die Autorin eigentlich einen anderen Beruf hat, merkt man doch deutlich.

f) Auf jeden Fall war für mich nach 80 Seiten die Lektüre zu Ende ...

g) Warum bekommt dieses Buch so viele gute Rezensionen?

h) Da ist zum einen die Sprache, die deutlich besser sein könnte.

i) Zum anderen sind da die Hauptfiguren, die eigentlich nur aus Klischees bestehen.

j) Die typischen Amerikanerinnen und die typischen Afghaninnen – wie sie sich eine Amerikanerin vorstellt.

B3 Der Weg ins Buch: Klappentexte

3 a) Lesen Sie die Klappentexte von verschiedenen Büchern und ordnen Sie die richtigen Schlusssätze zu.

a) Es ist geeignet, Sprachlosigkeit zu beenden, Verständnis zu fördern und vielleicht sogar einen Weg zu gegenseitigem Verzeihen aufzuzeigen.

b) Ein psychologisch brillantes Werk, das den Rahmen der üblichen Science-Fiction-Literatur sprengt.

c) Lance Wicked, dem erfahrenen Journalisten des Magazins „Clash", ist ein psychologisch tiefgründiges, durch das rasche Erzähltempo aber niemals langatmiges Porträt unserer Gesellschaft gelungen.

d) Ein inspirierendes Buch nicht nur für Segler, sondern für alle, die das Meer, das Reisen und die Freiheit lieben!

e) Es ist Vroni Gestner hervorragend gelungen, über tiefe Gefühle, Verletzlichkeit, Unsicherheit, Zweifel und nicht enden wollende Sehnsucht zu schreiben, ohne jemals in Kitsch oder Pathos abzugleiten.

f) Die starken Charaktere dieser Bauernfamilie wachsen einem ans Herz und es fällt nach fast 800 Seiten schwer, den Roman aus der Hand zu legen.

1. *Nachts sind alle Katzen grau*

   Als der erfolgreiche und smarte Patentanwalt Phil nachts leicht angetrunken nach
   Hause kommt und sein Gartentor öffnen will, wird er Zeuge eines Vorfalls, der
   sein ganzes Leben verändern wird. Die steile Karriere, die hübsche, als Model
   erfolgreiche Freundin, die Leidenschaft, Oldtimer zu sammeln, das reiche Elternhaus
   – diese scheinbar makellose Fassade seines Lebens wird brüchig und immer tiefer
   verstrickt sich Phil in eine Entwicklung, deren Ende nicht abzusehen ist. Wo hat
   es begonnen? Nicht erst in der Nacht am Gartentor ... Vor dem inneren Auge des
   Lesers öffnen sich Abgründe, die plötzlich jede Sicherheit im Leben fast unmöglich
   erscheinen lassen. Wo ist der Wendepunkt? Was steht hinter scheinbar harmlosen
   Begebenheiten? Atemberaubende Spannung lässt den Leser bis zur letzten Seite
   nicht los.

   | c | *Lance Wicked, dem erfahrenen Journalisten des Magazins „Clash",*
   ist ein psychologisch tiefgründiges, durch das rasche Erzähltempo
   aber niemals langatmiges Porträt unserer Gesellschaft gelungen.

2. *Killefitz*

   In seinem neuen Roman schildert Jens Keller anschaulich ein Jahrhundert
   niederrheinischer Geschichte. Der Familienroman „Killefitz" – in niederrheinischer
   Mundart gleichbedeutend mit Kleinkram, überflüssigem Zeug – erzählt die
   Lebensgeschichte von drei Generationen, geprägt durch wechselvolle politische
   Ereignisse und persönliche Schicksalsschläge. Die einzige Konstante im Leben dieser
   Generationen ist das tägliche Leben auf dem alten Gutshof, das allein vom Rhythmus
   der Jahreszeiten und der Tiere bestimmt wird. Jens Keller erzählt warmherzig und
   humorvoll, ohne jemals den Ernst der zeitgeschichtlichen Hintergründe außer Acht
   zu lassen.

3. *Seelenblicke*

Sie hat lange schwarze Haare, ein hinreißendes Lächeln und die zauberhaftesten Augen, die Janschi je erblickt hat. Nur werden diese Augen niemals sehen, mit wie viel Liebe Janschi sie anschaut. Von Kindheit an sind er und die blinde Laila unzertrennlich, und aus der tiefen Freundschaft dieses ungleichen Paares wird mit den Jahren eine große Liebe. Doch Janschis Vater, einflussreicher Direktor einer großen Supermarktkette, hat andere Pläne mit seinem einzigen Sohn ... Eine tief bewegende Liebesgeschichte, dramaturgisch intelligent und packend aufgebaut, die in einem großartigen, überraschenden Schluss kulminiert.

☐ _____

_____

_____

_____

_____

_____

_____

4. *Sternenzeit*

„Hüte dich davor, Träume wahr werden zu lassen!" Wie oft hatte Zaza als Kind diesen Satz von ihrer pragmatisch denkenden Oma gehört und sie insgeheim belächelt – bis sie eines Tages feststellt, dass ihr Kindheitstraum, durch die Zeit reisen zu können, Wirklichkeit geworden ist ... Fesselnd, aber auch verstörend schildert die Bestsellerautorin Vanessa Flintstone, wie Zaza mit zutiefst fremden Welten konfrontiert wird. Was als großes Abenteuer begann, führt Zaza schnell vor Augen, dass die Perspektive des interessierten Beobachters aus der Distanz Illusion ist. Letztendlich ist Zaza gezwungen, sich schonungslos ehrlich mit sich selbst auseinanderzusetzen.

☐ _____

_____

_____

_____

5. *Krieg*

Was machen traumatische Kriegserlebnisse mit der Seele eines Menschen? Wie sind die Auswirkungen auf die Familien noch nach zwei Generationen zu spüren? Über Jahre hat Gerda Bodmer Interviews mit Menschen geführt, die, aktiv oder passiv, in ein Kriegsgeschehen involviert waren, oder die durch die Erlebnisse ihrer Eltern geprägt wurden. Über nationale Grenzen hinweg ist es ihr gelungen, die seelischen Wunden aufzuzeigen, die Gewalt, Willkür und stete Bedrohung des Lebens hinterlassen. Dabei hat sie sich nicht gescheut, auch die Problematik von Täterbiographien zu untersuchen.
Der Historikerin und Psychologin Gerda Bodmer ist mit „Krieg" ein einzigartiges Werk gelungen.

6. *Hoch am Wind*

Eine Frau, ein Segelschiff und die Welt. Es dauert Jahrzehnte, bis Maria ihren Traum, einmal allein mit ihrer „Sagitta" die Welt zu umsegeln, verwirklichen kann. Allein mit dem Wind, den Wellen und den Launen des Wetters erfährt sie eine Achterbahnfahrt der Gefühle. Überschwängliches Glück wechselt mit tiefster Einsamkeit und Angst ab – was jedoch immer bleibt, ist das berauschende Erleben größtmöglicher Freiheit. In oft knappen und dennoch eindringlichen Worten beschreibt Maria Benetti in ihrem Logbuch, was ihr auf dieser Reise an Begegnungen, fremden Ländern, Abenteuern und Gefahren widerfährt und entführt den Leser in die Welt des Blauwassersegelns – wenn ihr Buch nicht sogar dazu verführt, auch so eine Reise zu wagen!

3 b) Lesen Sie hier zwei der Klappentexte noch einmal. Markieren Sie die Buchstaben, die großgeschrieben werden müssen, trennen Sie die Wörter durch einen Strich und setzen Sie die fehlenden Satzzeichen ein.

1. Als der erfolgreiche und smarte Patentanwalt Phil nachts leicht angetrunken nach Hause kommt und sein Gartentor öffnen will, wird er Zeuge eines Vorfalls, der sein ganzes Leben verändern wird. Die steile Karriere, die hübsche, als Model erfolgreiche Freundin, die Leidenschaft, Oldtimer zu sammeln, das reiche Elternhaus – diese scheinbar makellose Fassade seines Lebens wird brüchig und immer tiefer verstrickt sich Phil in eine Entwicklung, deren Ende nicht abzusehen ist. Wo hat es begonnen? Nicht erst in der Nacht am Gartentor vor dem inneren Auge des Lesers öffnen sich Abgründe, die plötzlich jede Sicherheit im Leben fast unmöglich erscheinen lassen. Wo ist der Wendepunkt? Was steht hinter scheinbar harmlosen Begebenheiten? Atemberaubende Spannung lässt den Leser bis zur letzten Seite nicht los. Lance Wicked, dem erfahrenen Journalisten des Magazins Clash, ist ein psychologisch tiefgründiges, durch das rasche Erzähltempo aber niemals langatmiges Porträt unserer Gesellschaft gelungen.

2. Was machen traumatische Kriegserlebnisse mit der Seele eines Menschen? Wie sind die Auswirkungen auf die Familie noch nach zwei Generationen zu spüren? Über Jahre hat Gerda Bodmer Interviews mit Menschen geführt, die aktiv oder passiv in ein Kriegsgeschehen involviert waren oder die durch die Erlebnisse ihrer Eltern geprägt wurden. Über nationale Grenzen hinweg ist es ihr gelungen, die seelischen Wunden aufzuzeigen, die Gewalt, Willkür und stete Bedrohung des Lebens hinterlassen. Dabei hat sie sich nicht gescheut, auch die Problematik von Täterbiographien zu untersuchen. Der Historikerin und Psychologin Gerda Bodmer ist mit „Krieg" ein einzigartiges Werk gelungen. Es ist geeignet, Sprachlosigkeit zu beenden, Verständnis zu fördern und vielleicht sogar einen Weg zu gegenseitigem Verzeihen aufzuzeigen.

C Gesellschaft und Soziales

C1 Praktikum im Kindergarten

**1 a) Lesen Sie den Abschlussbericht der Praktikantin und ergänzen Sie die
fehlenden Wörter aus den Schüttelkästen über den einzelnen Absätzen.**

Abschlussbericht über ein Kindergartenpraktikum

1. *Erwartungen*

> erleben • beteiligen • zurechtzukommen • ~~absolvierte~~ • behandeln •
> beschäftige • integrieren • gewinnen • unterstützt • anerkannt • betreuen

Nach meinem 10. Schuljahr *absolvierte* ich ein zweimonatiges Praktikum im

Kinderhaus in der Albertstraße.

Das Praktikum sollte mir helfen, mehr Klarheit über meine Berufswünsche zu

_____ (1) und mich selbst im täglichen Umgang mit kleinen Kindern zu

_____ (2). Bis zu diesem Praktikum wusste ich zwar, dass ich mich gerne mit

Kindern _____ (3), hatte aber die Befürchtung, dass ich nicht

geduldig und konsequent genug wäre, wenn ich Kinder über längere Phasen

_____ (4) sollte.

Ich erhoffte mir, mich aktiv an der Betreuung der Kinder _____ (5) zu

dürfen, _____ (6) von erfahrenen Erzieherinnen. Natürlich wünschte

ich mir, gut mit den Kindern _____ (7), beliebt zu sein

und mich erfolgreich in das Team _____ (8) zu können.

Andererseits war ich etwas besorgt, von den Kindern nicht als Autoritätsperson

_____ (9) zu werden. Auch hielt ich es für möglich, einige Kinder

womöglich gar nicht sympathisch zu finden und sie dann vielleicht nicht gerecht zu

_____ (10).

2. *Vorstellung des Kindergartens*

Frühschicht • Bewältigung • Ganztagsbetreuung • Abholzeit • Frühförderung •
Vorschulprogramm • Empfangszeit • Bewegung • Gruppen

Das Kinderhaus in der Albertstraße ist ein Kindergarten mit _____ (1)

und Frühförderung. Es ist von Montag bis Freitag ab sieben Uhr geöffnet, offizielle

_____ (2) für die Kinder, im Kindergarten „Bringzeit" genannt,

ist allerdings erst ab acht Uhr. Bis dahin werden diejenigen Kinder, die früher gebracht

werden müssen, von einer Erzieherin in einer _____ (3)

gruppenübergreifend betreut. Dasselbe gilt für den Abend: _____ (4) ist

ab 17 Uhr. Wer noch nicht geholt werden kann, darf bis 18 Uhr bleiben. Meist handelt es

sich um maximal zehn Kinder, die nicht zu den üblichen Zeiten gebracht und geholt

werden können. Momentan sind 59 Kinder im Kindergarten angemeldet. Es gibt

insgesamt drei _____ (5), die „Bären", die „Katzen" und die „Marienkäfer".

In die Marienkäfer-Gruppe dürfen bereits Kinder ab zwei Jahren kommen. Sie erhalten

_____ (6), also schwerpunktmäßig „Sauberkeitserziehung",

erlernen die _____ (7) des Alltags (selbstständiges Anziehen, Essen

etc.) und werden durch viel _____ (8) motorisch gefördert. Die beiden

anderen Gruppen nehmen erst Kinder ab dreieinhalb Jahren auf und bereiten die älteren

Kinder in einem _____ (9) auf den Schuleintritt vor.

3. *Pädagogisch-methodisches Konzept*

Diensten • Gelegenheit • verloren • Selbstbewusstsein • erreichen • abräumen •
Verantwortung • zunehmende • Tätigkeiten • kompromissbereit • Fähigkeiten •
entwickeln • Unterstützung • eigenständig • ausdauernd

Das Ziel der erzieherischen Arbeit im Kinderhaus ist es, die Selbstständigkeit und damit

auch das _____ (1) der Kinder zu fördern. Das kann

mit alltäglichen _____ (2) wie dem Anziehen der Jacke, dem Binden

der Schuhe und dem Essen ohne _____ (3) erreicht werden,

bei den älteren Kindern aber auch bereits mit der Einteilung zu _____ (4)

wie Tisch decken und _____ (5) oder Getränke eingießen.

Außerdem sollen die Kinder lernen, freundlich und _____ (6)

miteinander umzugehen und so in der Gruppe gemeinsam etwas zu

_____ (7) , zum Beispiel bei gemeinsamen Bastelprojekten. Die Kinder

sollen hier _____ (8) Entscheidungen treffen, eigene kreative

Ideen _____ (9) können und so zunehmend

_____ (10) übernehmen.

Im Kinderhaus findet sich eine bunte Mischung verschiedenster Nationalitäten, was den

Kindern _____ (11) bietet, sich in Akzeptanz und Toleranz anderen

Kulturen gegenüber zu üben.

Bei Gesellschaftsspielen können die Kinder nicht nur lernen, sich über längere Phasen

hin _____ (12) und konzentriert mit einer Sache zu beschäftigen,

sondern auch Frustrationstoleranz zu entwickeln, wenn sie _____ (13) haben.

Ein weiteres wesentliches Augenmerk der Erziehungsarbeit liegt auf der

Weiterentwicklung motorischer _____ (14). Die Feinmotorik wird beim

Basteln, Malen und Zeichnen gefördert, die _____ (15)

Körperbeherrschung bei den morgendlichen Yogaübungen, beim Turnen und am

Schaukel- und Klettergerüst.

4. Tagesablauf

> gewidmet • Jahreszeit • Möglichkeit • Kissen • verbunden • Herzen •
> Ruhezeit • vorgelesen • innerlich • abbauen • verteilen • Verfügung •
> decken • Einrichtungen • verbracht

Nach der Begrüßung im Sitzkreis, die jedem Kind die _____ (1)

bietet, etwas zu erzählen, was es auf dem _____ (2) hat, machen die drei

Erzieherinnen mit jeweils sechs bis sieben Kindern einige Yogaübungen. Die Kinder

sollen dabei _____ (3) im Kindergarten ankommen und eventuelle

Spannungen _____ (4).

Danach trifft man sich zum gemeinsamen Frühstück: Dafür _____ (5) die

jüngeren Kinder den Tisch, die älteren Kinder gießen die Getränke ein oder dürfen

frisches Obst und Gemüse schneiden.

Darauf folgen eineinhalb Stunden Freispielzeit. Einige Kinder bauen gemeinsam etwas,

andere ziehen sich mit einem Bilderbuch auf die großen _____ (6) in der

Kuschelecke zurück oder bekommen _____ (7), wieder andere sind mit

Malen oder einem Gesellschaftsspiel beschäftigt – es gibt verschiedenste

Möglichkeiten und die Kinder _____ (8) sich je nach Interessen.

Von Montag bis Donnerstag ist die Zeit vor dem Mittagessen Unternehmungen

_____ (9), die je nach Wochentag variieren. Montags wird häufig ein

Ausflug in den Wald unternommen, meist _____ (10) mit dem Sammeln

von Blättern oder Pflanzen, mit denen später etwas gebastelt werden soll.

Am Dienstag ist Musiktag: An diesem Tag wird gemeinsam gesungen oder es werden

verschiedene einfache Instrumente ausprobiert.

Der Mittwoch steht in 14-täglichem Rhythmus für Ausflüge zur _____ (11),

entweder ins Theater oder in ein Museum, aber auch zu öffentlichen

_____ (12) wie Feuerwehr oder Polizei, in den Tierpark oder Ähnliches.

Am Donnerstag schließlich gibt es je nach _____ (13) unterschiedliche

Projekte. Das kann die Vorbereitung eines Festes wie Weihnachten oder Ostern sein, das können aber auch größere Bastelprojekte sein, wie vor den Sommerferien das Schultütenbasteln für die Schulanfänger, oder andere Aktivitäten, die an eine bestimmte Jahreszeit gebunden sind, wie zum Beispiel Blumenkästen bepflanzen im Frühling.

Dann folgt das Mittagessen und danach eine einstündige _____ (14), in der geschlafen oder zumindest geruht oder einer Stillbeschäftigung wie Vorlesen nachgegangen werden soll. Diese Zeit ist wichtig, damit die Kinder nicht durch den ständig hohen Lärmpegel überanstrengt werden und die vielen Eindrücke verarbeiten können.

Der Nachmittag wird mit Turnen oder Ballspielen _____ (15), bei schönem Wetter im Garten und bei schlechtem Wetter in der Turnhalle im Keller, gefolgt von einer weiteren Phase des Freispielens im Spielzimmer, bis die Kinder nach und nach abgeholt werden.

5. *Persönliche Schlussbetrachtung*

> Abschied • angenommen • bestätigt • Wirklichkeit • akzeptiert • schwergefallen • Beobachtung • Laufbahn • unterstützt • erfüllt

Am Ende meines zweimonatigen Praktikums ist es mir sehr _____ (1), vom Kinderhaus _____ (2) zu nehmen, denn ich habe mich dort sehr wohlgefühlt. Im gleichen Maße, wie sich meine Erwartungen _____ (3) haben, sind meine Befürchtungen zum Glück nicht _____ (4) geworden: Von den Erzieherinnen wurde ich stets _____ (5) und von den Kindern fühlte ich mich _____ (6) und im Großen und Ganzen auch als Autoritätsperson _____ (7). Eine für mich sehr interessante _____ (8) war, dass ich sogar mit Kindern, die ich in meinem Privatleben als sehr anstrengend oder unsympathisch empfunden hätte, im Rahmen meiner Arbeit gut zurechtkam und sie mir in manchen Fällen am Ende sogar besonders ans Herz gewachsen sind.

Das Praktikum hat mich daher voll darin _____ (9), dass ich meine berufliche _____ (10) mit einer Ausbildung zur Erzieherin beginnen möchte.

1 b) Beantworten Sie die folgenden Fragen in Stichpunkten. Es sind verschiedene Varianten möglich.

1. Welche Befürchtungen hat die Praktikantin, was sie im Umgang mit den Kindern über einen längeren Zeitraum erleben könnte?

   Fehlende Geduld und Konsequenz; fehlende Anerkennung als Autoritäts-

   person; keine gerechte Behandlung nicht so sympathischer Kinder

2. Was sind die besonderen Angebote des Kinderhauses?

   _____

   _____

3. Was ist das frühestmögliche Eintrittsalter in den Kindergarten?

   _____

4. Wodurch wird die Selbstständigkeit der Kinder gefördert?

   _____

   _____

   _____

   _____

   _____

   _____

5. Welche Fähigkeiten brauchen die Kinder, um gut in einer Gruppe zusammenarbeiten zu können?

   _____

   _____

   _____

   _____

   _____

6. Was können die Kinder durch die Beschäftigung mit Gesellschaftsspielen lernen?

_____

_____

7. Wann ist für die Kinder die beste Gelegenheit, über Dinge zu sprechen, die sie beschäftigen?

_____

8. Weshalb machen die Erzieherinnen mit den Kindern am Morgen Yoga?

_____

_____

9. Was bedeutet Freispielzeit?

_____

_____

_____

10. Welche Unternehmungen werden Montag bis Donnerstag angeboten?

_____

_____

_____

11. Weshalb sollen die Kinder eine Mittagsruhe halten?

_____

_____

12. Welche Erwartungen der Praktikantin haben sich bewahrheitet?

_____

_____

1 c) Bilden Sie aus den einzelnen Stichwörtern korrekte Sätze, die den vorgegebenen Satzanfang ergänzen. Dabei müssen Sie Konnektoren und Präpositionen ergänzen!

1. Das Praktikum sollte mir helfen, *mehr Klarheit über meine Berufswünsche zu gewinnen*

kleine Kinder • ~~mehr Klarheit gewinnen~~ • ~~meine Berufswünsche~~ • täglicher Umgang • sich selbst erleben

2. Ich erhoffte mir,

sich aktiv beteiligen dürfen • die Kinder • die Betreuung • die erfahrenen Erzieherinnen • unterstützt

3. Bis zur offiziellen Empfangszeit werden diejenigen Kinder,

eine Erzieherin • eine Frühschicht • früher • bringen müssen • gruppenübergreifend • betreuen

4. Das Ziel der erzieherischen Arbeit im Kinderhaus ist es, _____

_____

_____

_____

die Selbstständigkeit • das Selbstbewusstsein • die Kinder • damit •
fördern • auch

5. Im Kinderhaus finden sich Kinder verschiedenster Nationalitäten, _____

_____

_____

_____

Gelegenheit bieten • die Kinder • sich üben • Akzeptanz und Toleranz •
gegenüber anderen Kulturen

6. Bei Gesellschaftsspielen können die Kinder nicht nur lernen, _____

_____

_____

_____

_____

_____

sich beschäftigen • ausdauernd und konzentriert • eine Sache •
längere Phasen • entwickeln • verlieren • Frustrationstoleranz • auch • sie

7. Der Sitzkreis bietet die Möglichkeit, _____

_____

_____

erzählen • die Kinder • etwas • auf dem Herzen haben • sie

8. Diese Zeit ist wichtig, _____

_____

_____

_____

_____

> die Kinder • ständig hoher Lärmpegel • nicht überanstrengen • verarbeiten
> können • die vielen Eindrücke

9. Am Nachmittag haben die Kinder eine weitere Phase des Freispielens im

Spielzimmer, _____

_____

> abholen • sie • nach und nach

10. Abschied zu nehmen vom Kinderhaus ist mir schwergefallen, _____

_____

> sich sehr wohlfühlen • dort • ich

11. Das Praktikum hat mich darin bestätigt, _____

_____

_____

_____

> beginnen mögen • Erzieherin • meine berufliche Laufbahn •
> eine Ausbildung • ich

C2 Der Weg ins Erwachsenenalter

2 a) Lesen Sie in dem folgenden Interview aus der Zeitschrift „Pädagogik und Psychologie" die Fragen zum Thema „Initiationsrituale" und ordnen Sie die korrekten Antworten der Ethnologin Dr. Barbara Schöninger zu.

Päd. & Psych.:   Frau Dr. Schöninger, könnten Sie unseren Lesern kurz Ihr Forschungsgebiet erklären?

Dr. Schöninger: 1.   ☐ c

Päd. & Psych.:   Gibt es denn auch noch andere Initiationsrituale?

Dr. Schöninger: 2.   ☐

Päd. & Psych.:   Können Sie uns dafür ein Beispiel nennen?

Dr. Schöninger: 3.   ☐

Päd. & Psych.:   Wie verläuft das bei den Übergangsritualen der Jugendlichen?

Dr. Schöninger: 4.   ☐

Päd. & Psych.:   Aber das ist doch tatsächlich gefährlich. Es gibt wilde Tiere, die jungen Erwachsenen brauchen Essen und Wasser – wie geht das vor sich?

Dr. Schöninger: 5.   ☐

Päd. & Psych.:   Und was ist der Sinn dieser Erfahrung?

Dr. Schöninger: 6.   ☐

Päd. & Psych.: Das sind die Auswirkungen dieser Zeit auf das Zusammenleben in der Gemeinschaft. Was aber bedeutet diese Erfahrung für die Jugendlichen selbst? Wie fühlen sie sich dabei, wenn sie eigentlich von allen und allem, was ihr Leben ausmachte und was sie liebten, verlassen werden?

Dr. Schöninger: 7. ☐

Päd. & Psych.: Nun lassen Sie uns den Schritt in unsere Gesellschaft machen. Sehen Sie in der heutigen Zeit und in unserem Kulturkreis ähnliche Vorgänge bei den Jugendlichen?

Dr. Schöninger: 8. ☐

Päd. & Psych.: Welche Möglichkeiten haben die Jugendlichen Ihrer Ansicht nach?

Dr. Schöninger: 9. ☐

Päd. & Psych.: Und zur generellen Ablehnung aller vorgegebenen Regeln und Werte gehören vermutlich Phänomene wie übermäßiger Alkohol- oder Drogenkonsum, riskante Autofahrten, Computersucht, Zugehörigkeit zu Jugendbanden, Mutproben – die Liste könnte noch fortgesetzt werden!

Dr. Schöninger: 10. ☐

Päd. & Psych.: Was sollte Ihrer Meinung nach die Gesellschaft leisten?

Dr. Schöninger: 11. ☐

Päd. & Psych.: Es gibt Pädagogen, die die Orientierungslosigkeit und fehlende Reife vieler sogenannter Erwachsener in unserer Gesellschaft mit dem Fehlen eines bewussten Übergangsrituals in Zusammenhang bringen. Wie sehen Sie das?

Dr. Schöninger: 12. ☐

Päd. & Psych.: Wie ich sehe, bleiben hier noch viele Fragen offen. Frau Dr. Schöninger, vielen Dank für dieses anregende Gespräch, das unseren Lesern ganz neue Perspektiven aufgezeigt hat.

a) Es soll auch gefährlich sein. Die Jugendlichen erfahren zum ersten Mal in ihrem Leben, dass sie nicht von Älteren oder der Gemeinschaft beschützt werden, sondern ganz auf sich allein gestellt sind. Sie müssen in völliger Eigenverantwortung für ihr Überleben sorgen und erfahren dabei Existenzangst und Einsamkeit.

b) Jugendliche auf dem Weg ins Erwachsenenalter brauchen erfahrene Pädagogen und Vorbilder, die selbst reif und verantwortungsvoll im Leben stehen. Diese Mentoren müssen anerkennen und ertragen können, dass vor allem männliche Jugendliche ihren Mut und ihre Fähigkeiten austesten und dafür Anerkennung erfahren wollen. In unserer Gesellschaft gilt man als erwachsen, wenn man 18 Jahre alt geworden ist, vielleicht den Führerschein erworben und das Abitur gemacht hat. Aber das alles hat nichts mit innerer Reife zu tun.

c) Ich beschäftige mich seit Jahren mit Initiationsritualen in verschiedenen Stammeskulturen. Mein Schwerpunkt ist dabei der Übergang der Jugendlichen in die Welt der Erwachsenen.

d) Richtig, das sind alles Verhaltensweisen, mit denen die Heranwachsenden zeigen wollen, dass sie sich bewusst von ihrer bisherigen sozialen Eingliederung distanzieren und auf der Suche nach alternativen Sozialisationsformen sind. Sie wollen ihre Grenzen erfahren und sich selbst kennenlernen. Indem sie sich von allen bisher gültigen Wertmaßstäben lösen, versuchen sie eigene zu finden und zu einem selbstbestimmten Leben zu gelangen. Kein ungefährlicher Weg, zumal unsere Gesellschaft die Jugendlichen damit häufig alleinlässt.

e) Wenn sie diese Zeit überstanden haben und in die Gemeinschaft zurückkehren, wissen sie den Wert des sozialen Zusammenlebens zu schätzen. Man kann nur wissen, was „drinnen" bedeutet, wenn man einmal „draußen" war. Gleichzeitig werden die jungen Menschen nun von der Gesellschaft respektiert und als vollwertige Erwachsene anerkannt.

f) Ja, sobald ein Außenstehender durch bestimmte Rituale in eine Gemeinschaft aufgenommen wird und sich damit sein Status ändert, spricht man von „Initiation".

g) Man findet das zum Beispiel bei Aufnahmen in Klöster. Den Männern oder Frauen werden häufig die Haare geschnitten, sie legen eine andere Kleidung an und trennen sich von ihrem Besitz. Das ist ein symbolischer Akt dafür, dass sie die Bindung an ihr bisheriges Leben aufgeben, einschließlich der freien Entscheidung darüber, wie sie sich kleiden oder den Tag verbringen, und sich damit ganz und gar den Regeln der neuen Gemeinschaft unterwerfen.

h) Entweder sie passen sich unkritisch an die Welt an, die ihnen von den Erwachsenen beziehungsweise der Gesellschaft vorgegeben wird, oder sie lehnen ebenso unkritisch alle Regeln und Wertesysteme ab. Die dritte Möglichkeit wäre eigentlich die wünschenswerte, wenn sie nämlich der herrschenden Gesellschaft zwar kritisch gegenüberstehen, aber konstruktiv versuchen, in der bestehenden Gemeinschaft ihre Rolle zu finden und ihren eigenen Weg zu gehen.

i) Ja, das ist keinesfalls abwegig. Da gibt es eine große Diskrepanz, der die jungen Leute ausgesetzt sind. Auf der einen Seite sollen sie voll verantwortlich in komplizierte Arbeitsprozesse eintreten und sich zwischen einer Unzahl an Regeln, Gesetzen und den Anforderungen der Bürokratie zurechtfinden. Auf der anderen Seite gibt es bis ins hohe Alter den Traum von der ewigen Jugend. Aber wo werden sie angeleitet, wie werden sie unterstützt, wo werden klare Grenzen gezogen?

j) Natürlich gibt es ganz ähnliche Vorgänge, wenn sie auch in der Symbolsprache längst nicht so klar sind. Man spricht von der „Adoleszenzkrise" – dieses Wort beinhaltet bereits die Unsicherheit dieser Phase. Unsere Heranwachsenden können dabei drei Wege einschlagen.

k) Ganz klar zu sehen ist das bei vielen archaischen Stämmen. Oft werden die Jugendlichen eine Zeit lang von ihrer Familie und den Freunden getrennt, manchmal müssen sie sogar eine gewisse Zeit allein in der Wildnis verbringen.

l) Das ist eine Zeit der extremen Verunsicherung. Sie sind nicht mehr, was sie einmal waren, und noch nicht, was sie hoffen zu werden. In dieser Zeit werden sie mit ihren Ängsten und Hoffnungen konfrontiert und lernen im Idealfall sich selbst kennen. Sie sollten am Ende wissen, wo ihre Grenzen sind, und ihre Fähigkeiten realistisch einschätzen können.

2 b) Antworten Sie in Stichpunkten auf die folgenden Fragen zu dem Interview. Es sind bei den Antworten auch verschiedene Varianten möglich.

1. Was ist das Forschungsgebiet von Frau Dr. Schöninger und was ist ihr Schwerpunkt?

   Initiationsrituale in verschiedenen Stammeskulturen, Übergang der

   Jugendlichen in die Welt der Erwachsenen

2. Was bedeutet „Initiation"?

   _____

   _____

   _____

3. Was symbolisieren die Aufnahmerituale in Klöster?

   _____

   _____

   _____

4. Welche Übergangsrituale gibt es in alten Stammeskulturen für die Jugendlichen beim Eintritt ins Erwachsenenalter?

   _____

   _____

5. Weshalb werden die Jugendlichen dieser Gefahr ausgesetzt?

   _____

   _____

   _____

6. Weshalb sollen die Jugendlichen Existenzangst und Einsamkeit erfahren?

   _____

   _____

   _____

   _____

7. Wie fühlen sich die Jugendlichen dabei?

_____

_____

_____

_____

8. Gibt es bei den Jugendlichen in unserer Gesellschaft etwas Ähnliches?

_____

_____

9. Wie kann die „Adoleszenzkrise" verlaufen?

_____

_____

_____

_____

10. Weshalb zeigen Jugendliche oft so extremes Verhalten?

_____

_____

_____

_____

_____

_____

11. Was brauchen die Jugendlichen in dieser Phase?

_____

_____

12. Was halten manche Pädagogen für die Ursache der Orientierungslosigkeit und der fehlenden Reife vieler Erwachsener in unserer Gesellschaft?

_____

_____

C3 Parallelgesellschaften?

3 a) Lesen Sie die Vorankündigung der Dokumentationsreihe „Auf den Spuren von Geheimbünden" aus einer Fernsehzeitschrift. Anschließend verbinden Sie die kursiv geschriebenen Satzteile aus dem Text mit den Erklärungen auf Seite 64, die dieselbe Bedeutung haben.

Eine Dokumentationsreihe über Vereinigungen, *deren hauptsächliches Merkmal das Agieren im Geheimen ist*, stellt ein wirklich ehrgeiziges Vorhaben dar. Jens Höffner und Ute Vermeer *haben sich an die Herausforderung gewagt* und mussten feststellen, dass diese Produktion die mit Abstand schwierigste in ihrem bisherigen Berufsleben war. Wie kann man überhaupt über Geheimbünde berichten, da doch alle Mitglieder *einer absoluten Schweigepflicht unterliegen*, also keinerlei Informationen nach außen dringen dürfen?

Geheimbünde existieren schon seit Jahrtausenden. Immer wieder *gelangten einzelne Berichte* durch Zufall, durch enttäuschte Mitglieder oder durch Kritiker *an die Öffentlichkeit*. Das waren zwar nur Bruchstücke, dennoch ließ sich daraus allmählich ein Bild zusammensetzen. So ist allen diesen Vereinigungen gemeinsam, dass sie sich im Besitz eines geheimen Wissens glauben, das nur innerhalb dieser Gesellschaft weitergegeben werden darf. Die Mitglieder unterliegen einer strengen Hierarchie. Je höher ein Mitglied in dieser Hierarchie aufsteigt, umso mehr wird ihm vom geheimen Wissen der Gemeinschaft mitgeteilt. Meist ist das verbunden mit bestimmten Ritualen, *durch die diese Personen eine „Einweihung" erfahren*. Mit dem Geheimwissen geht auch eine reiche Symbolsprache einher, *die den eingeweihten Mitgliedern zur Abgrenzung gegenüber den Nichtwissenden dient*.

Es gibt geheime Vereinigungen der verschiedensten Richtungen, religiöse, politisch motivierte, esoterische und terroristische Organisationen. Allen ist gemeinsam, dass sie ein bestimmtes Ziel erreichen wollen. Immer ist damit eine Veränderung der bestehenden Ordnung gemeint. Das kann die eigene Persönlichkeit betreffen, das kann *ein schneller Wandel der Gesellschaft sein, der durch einen Aufstand angestrebt wird*, oder ein langsamer durch den Versuch, mehr und mehr Einfluss auf die bestehenden staatlichen Organisationen zu nehmen.

Typisch ist deshalb für die Entstehung von Geheimbünden, dass sie meist in eine Zeit politischer, wirtschaftlicher oder sozialer Instabilität fällt. Die Menschen wollen sich neu orientieren, haben ein gemeinsames Weltbild und suchen den Zusammenhalt, der durch feste Regeln, Rituale und absolute Schweigepflicht gegenüber Außenstehenden abgesichert wird. *Dieses Postulat der Geheimhaltung*, zusammen mit der Zielsetzung, Einfluss nehmen zu wollen oder gar Veränderung anzustreben, *ruft natürlich bei anderen Menschen Misstrauen hervor*. So entstehen Verschwörungstheorien, wenn Menschen versuchen, sich alles, was sie nicht verstehen oder ihnen nicht kontrollierbar erscheint, durch *absichtsvolles, geheimes Wirken eines bestimmten Personenkreises* zu erklären. Außerdem halten sich Geheimbünde selten an nationale Grenzen; diese Tatsache verleitet natürlich auch zu Spekulationen, ob das Ziel der Organisation nicht sein könne, *Macht über die gesamte Welt auszuüben* oder zumindest im Verborgenen die Weltpolitik zu kontrollieren.

Es ist offensichtlich, dass es im Umfeld von Geheimbünden viele interessante Aspekte zu untersuchen gilt!

Sonntagabend wird der erste Teil der insgesamt dreiteiligen Dokumentationsreihe ausgestrahlt, *der sich mit dem Versuch einer Abgrenzung befasst*. Was sind Geheimbünde, was Religionen, Sekten oder kriminelle Vereinigungen und was sind *Organisationen mit dem Ziel, ein Personennetzwerk aufzubauen*?

Der zweite Teil widmet sich der Geschichte der im Mittelalter entstandenen Geheimbünde und der letzte Teil *geht auf die Zusammenhänge zwischen aktuellen Verschwörungstheorien und Spekulationen über die Machenschaften zeitgenössischer Geheimbünde ein.*

Man darf gespannt sein, wie gut es den Regisseuren gelungen ist, tatsächlich neues *Licht ins Dunkel der im Verborgenen agierenden Organisationen zu bringen.*

1. ..., deren hauptsächliches Merkmal das Agieren im Geheimen ist, ...

2. ... haben sich an die Herausforderung gewagt ...

3. ... einer absoluten Schweigepflicht unterliegen, ...

4. ... gelangten einzelne Berichte ... an die Öffentlichkeit.

5. ..., durch die diese Personen eine „Einweihung" erfahren.

6. ..., die den eingeweihten Mitgliedern zur Abgrenzung gegenüber den Nichtwissenden dient.

7. ... ein schneller Wandel der Gesellschaft sein, der durch einen Aufstand angestrebt wird, ...

8. Dieses Postulat der Geheimhaltung, ..., ruft natürlich bei anderen Menschen Misstrauen hervor.

9. ... absichtsvolles, geheimes Wirken eines bestimmten Personenkreises ...

10. ..., Macht über die gesamte Welt auszuüben ...

11. ..., der sich mit dem Versuch einer Abgrenzung befasst.

12. ... Organisationen mit dem Ziel, ein Personennetzwerk aufzubauen ...

13. ... geht auf die Zusammenhänge zwischen aktuellen Verschwörungstheorien und Spekulationen über die Machenschaften zeitgenössischer Geheimbünde ein.

14. ... Licht ins Dunkel der im Verborgenen agierenden Organisationen zu bringen.

a) ... wurden einige Informationen bekannt.

b) ..., die Welt zu regieren ...

c) ... erklärt, weshalb viele Menschen heute glauben, dass geheime Organisationen im Hintergrund die Welt kontrollieren.

d) ..., für die es sehr wichtig ist, nicht über ihre Organisation zu sprechen, ...

e) ... eine plötzliche Veränderung im Staat sein, die durch eine Revolution erreicht werden soll ...

f) ... Aktivitäten von ein paar Menschen, die ein Ziel haben und nicht darüber sprechen ...

g) ..., durch die diese Personen in die Gemeinschaft aufgenommen werden.

h) ... wollten diese schwierige Arbeit versuchen ...

i) ..., der versucht, die einzelnen Typen genau zu definieren.

j) ... an die Öffentlichkeit zu bringen, was in den geheimen Organisationen passiert.

k) ... Vereinigungen, die Beziehungen zwischen Leuten herstellen wollen ...

l) ... nicht darüber sprechen dürfen, ...

m) ..., die die Personen innerhalb der Organisation von denen außerhalb unterscheidet.

n) Dieses Verbot, darüber zu sprechen, ... führt bei anderen Menschen dazu, dass sie kein Vertrauen haben.

1.	2.	3.	4.	5.	6.	7.	8.	9.	10.	11.	12.	13.	14.
d													

3 b) Kreuzen Sie an: Was ist richtig, was ist falsch? Wenn die Aussage falsch ist, schreiben Sie darunter, was richtig ist. Es sind auch verschiedene Varianten möglich.

	richtig	falsch
1. Es ist unmöglich, eine Dokumentationsreihe über Geheimbünde zu machen, da man nichts über diese Vereinigungen weiß.	☐	☒

Es ist nicht unmöglich, aber es ist eine Herausforderung, weil man nur wenig über diese Vereinigungen weiß.

2. Im Laufe der Jahrhunderte hat man immer wieder Einzelheiten über Geheimbünde erfahren und kann sich deshalb dennoch ein Bild von diesen Organisationen machen.	☐	☐

_____

_____

_____

_____

3. Das geheime Wissen eines Geheimbunds wird allen Mitgliedern mitgeteilt, wenn sie von der Organisation aufgenommen werden.	☐	☐

_____

_____

_____

_____

4. Die Symbolik von Geheimbünden wird nur von den Mitgliedern verstanden. Das ist Absicht, damit das Wissen über deren Bedeutung geheim bleibt.	☐	☐

_____

_____

_____

_____

_____

5. Geheimbünde wollen immer etwas verändern, die Gesellschaft, den Staat oder die Menschen. ☐ ☐

_____

_____

_____

_____

6. Die politische, wirtschaftliche und soziale Situation von Geheimbünden ist oft sehr unsicher, weshalb die Menschen Orientierung an festen Regeln und Ritualen suchen. ☐ ☐

_____

_____

_____

_____

_____

7. Die Mitglieder von Geheimbünden misstrauen anderen Menschen, weil diese Einfluss auf ihre Organisation nehmen und etwas verändern wollen. ☐ ☐

_____

_____

_____

_____

8. Verschwörungstheorien entstehen, wenn Menschen glauben, dass bestimmte Personen alles kontrollieren und dadurch versuchen, ihre geheimen Ziele zu erreichen. ☐ ☐

_____

_____

_____

	richtig	falsch

9. Geheimbünde sind sowohl Religionen als auch Sekten, kriminelle Vereinigungen und Personennetzwerke. ☐ ☐

_____

_____

_____

_____

10. Alle Geheimbünde sind im Mittelalter entstanden. ☐ ☐

_____

_____

_____

11. Geheimbünde beschäftigen sich mit den Zusammenhängen zwischen aktuellen Verschwörungstheorien. ☐ ☐

_____

_____

_____

_____

_____

_____

12. Die Zuschauer wissen noch nicht, ob diese Dokumentationsreihe tatsächlich bisher unbekannte Informationen über Geheimbünde bringt. ☐ ☐

_____

_____

_____

_____

D Arbeitswelt

D1 Kommunikation im Büro

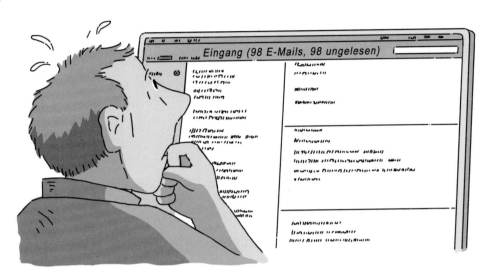

Eingang (98 E-Mails, 98 ungelesen)

1 a) Lesen Sie die folgenden E-Mails und ordnen Sie sie der passenden Thematik zu.

a. Abwesenheitsnotiz: _1_

b. Krankmeldung: ___

c. Bekanntmachung: ___

d. Verabschiedung: ___

e. Terminvereinbarung: ___

f. Anfrage: ___

g. Antrag: ___

1.

● ● ●

Liebe Kolleginnen und Kollegen,
vom 21. bis einschließlich 28. Januar bin ich nicht an meinem Arbeitsplatz anzutreffen,
da ich mich auf Geschäftsreise in Hongkong befinde.
In dieser Zeit kontaktieren Sie in dringenden Fällen bitte meine Vertretung,
Herrn Hinterhölzl, unter der Durchwahl -29.
Nach meiner Rückkehr am 29. Januar werde ich mich dann schnellstmöglich
um Ihr Anliegen kümmern.
Beste Grüße und ein schönes Wochenende, Isabel Engel

2.

● ● ●

Liebe Kolleginnen, liebe Kollegen,
für die Mitarbeiterkonferenz am Freitag, den 2.4. um 10 Uhr, sind folgende
Tagesordnungspunkte angedacht:
TOP 1 Umsatzzahlen des vergangenen Quartals
TOP 2 Personalplanung für das nächste Jahr
TOP 3 Urlaubsplanung Sommer
TOP 4 Neue Öffnungszeiten der Informationsstelle
Ergänzungen zur Tagesordnung nehme ich gerne bis Donnerstagmittag entgegen.
Schöne Grüße, Victor Gerlinger

3.

● ● ●

Sehr geehrte Frau Dr. Jurak,
wie heute Vormittag telefonisch vereinbart, schicke ich Ihnen im Anhang die fragliche
Excel-Datei. Würden Sie die Daten darin noch einmal überprüfen?
Falls Ihnen ebenfalls Unregelmäßigkeiten auffallen, sollten wir die Datei der
Personalabteilung zur Überarbeitung übergeben.
Denken Sie, Sie könnten bis Ende der Woche Zeit finden, die Datei zu prüfen?
Vielen Dank im Voraus und freundliche Grüße, Esther Windisch

4.

● ● ●

Liebe Frau Müller,
Herr Ebner informierte mich gerade telefonisch, dass er einen Arzt aufsuchen muss.
Folglich ist die Rezeption heute nicht besetzt. Ich versuche, so schnell wie möglich
eine Vertretung zu organisieren. In der Zwischenzeit werde ich das Telefon auf meinen
Apparat umstellen.
Viele Grüße, Claudia Langenecker

5

● ● ●

Sehr geehrter Herr Neumann,
wie bereits angekündigt, erhalten Sie hiermit den Zugang zu unserem betriebsinternen
Kalender. Bitte versuchen Sie doch, für nächste Woche einen freien Termin für eine
einstündige Besprechung zu finden, an der auch die Kollegen Wagner und Färber
teilnehmen können.
Wenn Sie weitere Vereinbarungen mit Kunden treffen, setzen Sie mich doch bitte in
cc, damit ich immer auf dem aktuellen Stand der Verhandlungen bin.
Bis nächste Woche!
Mit freundlichen Grüßen, Ralf Angerer

6.

● ● ●

Sehr geehrte Frau Chabry,
anbei finden Sie die ausgefüllten Formulare für meine Dienstreise nächsten Monat.
Sollte die Reisestelle noch weitere Unterlagen hinsichtlich der Übernachtungskosten
oder der Mietwagenbenutzung benötigen, geben Sie mir doch bitte umgehend
Bescheid. Es wäre gut, wenn ich die Genehmigung von der Dienstreisestelle noch vor
Monatsende unserem Abteilungsleiter zur Unterschrift vorlegen könnte, da dieser
dann zwei Wochen in Urlaub ist.
Vielen Dank für Ihre Bemühungen!
Mit freundlichen Grüßen, Paul Müller

7.

● ● ●

Liebe Mitarbeiterinnen und Mitarbeiter,
zum Monatsende werde ich nun endgültig meine Koffer packen und die neue
Stelle in unserer Niederlassung in Madrid antreten.
Diesem Wechsel sehe ich mit einem lachenden und einem weinenden Auge entgegen –
lachend, da ich mich auf die neuen Herausforderungen und ein paar Jahre im Ausland
freue, weinend, da ich ungern ein so hervorragendes Team verlasse!
Ich möchte mich bei Ihnen allen ganz herzlich für die gute Zusammenarbeit in all
den Jahren und das mir stets entgegengebrachte Vertrauen bedanken und lade
Sie daher alle zu einem kleinen Umtrunk morgen Mittag um 12.30 Uhr im
Aufenthaltsraum im 1. OG ein.
Dort hoffe ich, mich noch persönlich von Ihnen verabschieden zu können.
Ihnen allen wünsche ich nur das Beste und weiterhin so viel Freude an der
Arbeit miteinander!
Mit herzlichen Grüßen, Theo Wolf

1 b) Kreuzen Sie an: Was ist richtig?

1. Frau Engel ist auf Geschäftsreise in Hongkong und wird dort die eingehenden Anfragen schnellstmöglich bearbeiten. ☐

   Frau Engel ist bis einschließlich 28. Januar auf Geschäftsreise in Hongkong, man kann aber in dringenden Fällen ihre Vertretung erreichen. ☒

   Frau Engel ist in Hongkong über ihr Handy zu erreichen, aber nur in dringenden Fällen, denn sie befindet sich dort auf Geschäftsreise. ☐

2. Auf der Mitarbeiterkonferenz soll nur über vier Themen gesprochen werden. ☐

   Bis zum Vortag der Konferenz können noch weitere Themen genannt werden, über die gesprochen werden soll. ☐

   Die Mitarbeiter/-innen sollen auf der Konferenz das Geld der letzten drei Monate zählen, das Personal fürs nächste Jahr sowie die Sommerurlaube planen und die Informationsstelle neu eröffnen. ☐

3. Frau Dr. Jurak soll bis Ende der Woche die Daten in einer Excel-Datei überprüfen. ☐

   Frau Dr. Jurak bekommt eine Excel-Datei mit vielen Fragen, die sie der Personalabteilung zur Beantwortung übergeben soll. ☐

   Frau Dr. Jurak hat am Telefon Fragen zu einer Excel-Datei beantwortet, kann das aber nicht regelmäßig machen und muss die Datei deshalb an die Personalabteilung weitergeben. ☐

4. Herr Ebner sucht einen Arzt, der heute die Rezeption besetzt. ☐

   Herr Ebner hat angerufen, dass er krank ist und heute nicht an der Rezeption arbeiten kann. ☐

   Frau Langenecker sucht eine Vertretung für den Arzt und übernimmt Herrn Ebners Telefondienst. ☐

5. Herr Neumann soll nächste Woche Kunden treffen und ☐
   Herrn Angerer darüber informieren.

   Herr Angerer möchte in einer einstündigen Besprechung ☐
   über alles informiert werden, was Herr Neumann mit Kunden
   bespricht.

   Herr Angerer möchte nächste Woche Herrn Neumann, ☐
   Herrn Färber und Herrn Wagner treffen und sich eine Stunde
   lang mit ihnen unterhalten.

6. Herr Müller hat alle Formulare an die Dienstreisestelle geschickt, ☐
   damit diese seinen Antrag genehmigt und er ihn seinem Chef zur
   Unterschrift geben kann.

   Die Dienstreisestelle soll Herrn Müller noch Formulare schicken ☐
   für die Abrechnung der Übernachtungen und des Mietwagens.

   Herr Müller braucht die Zusage der Dienstreisestelle noch diesen ☐
   Monat, weil er dann zwei Wochen im Urlaub ist.

7. Herr Wolf ist traurig, weil er das Team in Madrid verlassen muss, ☐
   mit dem er so gut zusammengearbeitet hat.

   Die Zusammenarbeit war deshalb so gut, weil alle ihm vertraut ☐
   haben und er gern seine Mitarbeiter/-innen zu einem Umtrunk
   eingeladen hat.

   Herr Wolf freut sich auf seine neue Stelle in Madrid, aber gleichzeitig ☐
   ist er auch traurig, weil er sich von seinen Mitarbeiter/-innen
   verabschieden muss, mit denen er sehr gern zusammengearbeitet hat.

1 c) Schreiben Sie wie in den Beispielen von 1 a) eine E-Mail zu den vorgegebenen Stichpunkten.

1. Krankmeldung:

~~Anruf Frau Paul~~ • ~~Arztbesuch~~ • ~~Zimmer 201 nicht besetzt~~ •
~~Vertretung organisieren~~ • ~~Telefon umstellen~~ • ~~Grüße~~

● ● ●

Lieber Herr Filsner,

gerade hat Frau Paul angerufen, dass sie zum Arzt muss. Folglich ist

Zimmer 201 heute nicht besetzt. Ich versuche, schnellstmöglich eine

Vertretung zu organisieren und stelle das Telefon in der Zwischenzeit

auf meinen Apparat um.

Mit besten Grüßen

Jens Mittermaier

---

2. Abwesenheitsnotiz:

zwei Tage Kurzurlaub • ab Montag wieder im Büro • Vertretung Frau Büsing •
Durchwahl -18 • Grüße

● ● ●

Liebe Kolleginnen und Kollegen,

_____

_____

_____

_____

_____

_____

_____

_____

Gerd Weigel

---

3. Anfrage:

Telefonat gestern • Anhang: Formular Urlaubsantrag •
Bitte: Formular ausfüllen bis Ende der Woche • Verwaltung: Bearbeitung •
Dank und Grüße

Sehr geehrte Frau Moser,

_____

_____

_____

_____

_____

_____

_____

_____

_____

_____

_____

_____

_____

_____

Herbert Großner

4. Bekanntmachung:

Mitarbeitertreffen: Mittwoch, 7.4., 10 Uhr • Tagesordnungspunkte: Einarbeitung
neuer Mitarbeiter, Sauberkeit in der Mitarbeiterküche, Urlaubsregelung
Weihnachtszeit • Ergänzungsvorschläge bis Dienstag • Grüße

Liebe Kolleginnen, liebe Kollegen,

_____

Veronika van Miert

5. Verabschiedung:

Monatsende: Mitarbeiter Jonas Merten verabschieden •
neue Stelle im Ausland • unkomplizierte Art, Zuverlässigkeit, Humor vermissen •
Wunsch: alles Gute und viel Erfolg • Grüße

● ● ●

Liebe Kolleginnen und Kollegen,

_____

_____

_____

_____

_____

_____

_____

_____

_____

_____

_____

_____

_____

_____

_____

Dorothee Moosburg

6. Terminvereinbarung:

Suche: freier Termin in Kalender • Termin in dieser Woche •
Teilnahme: Kollegin Müller • Geschäftsführer des Verlags dazubitten •
cc an mich • Grüße

● ● ●

Lieber Herr Wagner,

_____

_____

_____

_____

_____

_____

Susanne Sommerer

7. Antrag:

im Anhang: noch fehlende Unterlagen zu Antrag auf Erstattung der Unkosten •
Bescheid bis Ende der Woche • Höhe der Erstattung • Dank und Grüße

● ● ●

Sehr geehrte Damen und Herren,

_____

_____

_____

_____

_____

_____

_____

Anna Breitner

D

D2 Geschäftskommunikation

2 a) Lesen Sie die folgenden Geschäftsbriefe und ordnen Sie die Inhalte den Stichpunkten zu.

1. Ihre Anfrage vom 25. Juni 2017

Sehr geehrte Frau Dobertin,

vielen Dank für Ihr Interesse an unserem Angebot „Ferien auf dem Reiterhof".

Selbstverständlich besteht die Möglichkeit, dass Ihre 13-jährige Tochter auch ohne Begleitung eines Erwachsenen bei uns zwei Wochen Reiterferien macht.

Wenn ich Sie richtig verstanden habe, möchte Ihre Tochter mit ihrer Freundin zusammen zu uns kommen. Zwei Wochen im Doppelzimmer mit Vollpension kosten in der Hauptsaison pro Person 645 Euro. Das Zimmer hat ein Waschbecken, Dusche und Toilette befinden sich auf dem Gang.

Die Vollpension umfasst ein reichhaltiges Frühstücksbuffet, ein warmes Mittagessen mit Vor- und Nachspeise und ein herzhaftes kaltes Abendessen mit Brot, Wurst und Käse.

Auch im Preis inbegriffen ist pro Tag eine Reitstunde. Sollte Ihre Tochter darüber hinaus Trainingsstunden mit den Pferden oder andere Zusatzangebote, z. B. mehrstündige Ausritte, wahrnehmen wollen, würden hier zusätzliche Kosten anfallen. Eine Preisliste lege ich bei.

In unserem Garten befindet sich ein kleines Schwimmbad, das unseren Gästen zur freien Benutzung zur Verfügung steht.

Ich würde mich sehr freuen, wenn Ihre Tochter mit ihrer Freundin ihre Reiterferien bei uns verbringen würde! Für weitere Fragen stehe ich Ihnen selbstverständlich jederzeit zur Verfügung, gerne auch telefonisch. Unsere Telefonnummer finden Sie in unserem Prospekt.

Mit freundlichen Grüßen

Anna Maier

1. Angebot	a) zusätzliche Kosten
2. Frage	b) Doppelzimmer
3. Unterbringung	c) Prospekt
4. Verpflegung	d) Aufenthalt ohne erwachsene Begleitperson
5. Ausstattung des Zimmers	
6. Reitstunden	e) Vollpension
7. weitere Trainingsstunden	f) Schwimmbad im Garten
8. weiteres Freizeitangebot	g) Ferien auf dem Reiterhof
9. Telefonnummer	h) Waschbecken
	i) eine pro Tag inklusive

1.	2.	3.	4.	5.	6.	7.	8.	9.
g								

2. Zahlungserinnerung zur Rechnung vom 3. Mai

Sehr geehrter Herr Altmann,

ich hoffe, wir haben den Auftrag, in Ihrem Haus eine Fußbodenheizung zu installieren, zu Ihrer vollen Zufriedenheit erledigt.

Leider konnten wir zu der oben genannten Rechnung noch keinen Zahlungseingang verbuchen.

Möglicherweise haben Sie übersehen, dass die Rechnung am 17. Mai fällig war.

Bitte überweisen Sie den Betrag bis spätestens 30. Mai. Zahlungseingänge bis zum 23. Mai wurden von uns berücksichtigt.

Sollten Sie in der Zwischenzeit den Betrag bereits beglichen haben, betrachten Sie dieses Schreiben bitte als gegenstandslos.

Mit freundlichen Grüßen

Senem Yilmaz

Firma BayBau

1. Auftrag	a) bis 23. Mai
2. Bezahlung	b) Installation einer Fußbodenheizung
3. Fälligkeit	c) Schreiben wird gegenstandslos
4. neue Zahlungsfrist	d) 17. Mai
5. berücksichtigte Zahlungseingänge	e) 30. Mai
6. bereits erfolgte Zahlung	f) noch nicht eingegangen

1.	2.	3.	4.	5.	6.

3. Anmeldebestätigung Sprachkurs Chinesisch

Sehr geehrte Frau Stephen,

vielen Dank für Ihr Interesse an unserem Kurs „Chinesisch in 30 Tagen".

Er dauert vom 30.7. bis zum 2.12. und findet jeweils Montag- und Donnerstagabend von 18.30 bis 20 Uhr in der Mediathek des Städtischen Leonard-Gymnasiums statt.

Bitte bringen Sie lediglich Schreibutensilien mit, das Buch erhalten Sie am ersten Kursabend von Ihrer Lehrkraft.

Am Ende des Kurses erfolgt ein Abschlusstest und mit dem Ergebnis erhalten Sie ein benotetes Zertifikat.

Bitte überweisen Sie in der Woche vor Kursbeginn die Kursgebühr auf das unten angegebene Konto.

Für weitere Fragen stehe ich Ihnen gerne jederzeit zur Verfügung.

Mit freundlichen Grüßen

Theresa Wagner

1. Dank
2. Kursdauer
3. Unterrichtszeit
4. benötigte Unterlagen
5. Kursabschluss
6. Kursgebühr

a) Überweisung in der Woche vor Kursbeginn
b) Test mit benotetem Zertifikat
c) Interesse am Sprachkurs
d) nur Schreibutensilien
e) 30.7. bis 2.12.
f) 18.30 bis 20 Uhr

1.	2.	3.	4.	5.	6.

2 b) Beantworten Sie die Geschäftsbriefe aus 2 a) mit den Stichpunkten aus dem Schüttelkasten. Die Wortanfänge helfen Ihnen.

1. Sehr geehrte Frau Maier,

Vielen Da*nk für Ihre ausführliche Antwort.*

Sehr gerne w_____

D_____ T_____

_____ F_____ b_____

Wäre _____

_____

Sobald _____

_____ erhalten _____ werde

_____ G_____

Kö_____ Mäd_____

_____

be_____

Herzlichen Dank und freundliche Grüße

Ulla Dobertin

Dank: ausführliche Antwort • Buchung: Doppelzimmer für Tochter und Freundin •
Frage: 1.8. – 14.8. frei • nach Buchungsbestätigung Überweisung Geld •
Frage: zusätzliche Reitstunden bar

2. Sehr geehrte Frau Yilmaz,

ent_____ dass _____

R_____ be_____

w_____ Dies _____ V_____

_____ R_____

Betr_____ w_____

_____ üb_____

Mit _____

F_____

_____ zu_____ wer_____

_____ K_____

A_____ ert_____

Mit freundlichen Grüßen

Ralf Altmann

Entschuldigung für nicht bezahlte Rechnung • Versehen der Rechnungsstelle •
umgehende Überweisung in den nächsten Tagen •
sehr zufrieden: Installation der Fußbodenheizung • in Kürze neue Aufträge

3. Sehr geehrte Frau Wagner,

_____ D_____

A_____ Nun _____

_____ F_____

Wäre es _____

K_____ R_____

be_____ Ich kö_____

R_____ begleichen, _____ zw_____

_____ ger_____ erst _____

K_____. Au_____ wäre _____

sch_____ wenn _____

T_____ K_____

_____ Ich möchte _____ ger_____ sch_____

ein wenig _____ H_____ v_____

Außer _____ wüs_____ ge_____

T_____ es max_____

L_____ gi_____

Herzlichen Dank für eine kurze Rückmeldung.

Freundliche Grüße

Dominique Stephen

Dank für Anmeldebestätigung • ein paar Fragen • Kursgebühr in zwei Raten •
erste Rate sofort, zweite zu Kursende • Titel des Kursbuches •
Vorbereitung zu Hause • maximale Teilnehmerzahl pro Lerngruppe

D3 Sitzungen

3 a) Die Inhalte der drei Tagesordnungspunkte des Sitzungsprotokolls sind jeweils durcheinandergeraten. Lesen Sie die einzelnen Textteile und bringen Sie sie in die richtige Reihenfolge.

Jahresmitgliederversammlung des Segelclubs Maritim

Ort: Clubhaus am See

Teilnehmer: die Vorstände M. Mitterer und G. Wiedlich, der Kassenwart U. Heberle, der Jugendwart A. Sonnenthal, 19 der 28 stimmberechtigten Mitglieder

Protokollantin: S. Schmidt

Tagesordnung:

1. Ende des Pachtvertrages am Nordsteg
2. Einnahmen der letzten Veranstaltungen
3. Antrag auf Überarbeitung der Hausordnung

TOP 1 Ende des Pachtvertrages am Nordsteg

a) Dagegen spricht sich L. Schöninger aus, der eine allzu starke Beeinträchtigung des Vereinslebens befürchtet.

b) Der Pachtvertrag mit dem Fischer, dem Besitzer des angrenzenden Grundstücks, wird zu diesem Zeitpunkt auslaufen und nicht verlängert.

c) Eine endgültige Abstimmung wurde vertagt und es wurde beschlossen, weitere Meinungen von Fachleuten einzuholen.

d) Die beiden Vorstände berichten, dass der Nordsteg mit den daran befindlichen 14 Liegeplätzen ab Mitte Juni nächsten Jahres nicht mehr zum Vereinsgelände gehören wird.

e) U. Weber setzt sich für eine Verlängerung der übrigen Stege um jeweils vier Liegeplätze ein, was jedoch massive Bauarbeiten über vermutlich vier Wochen bedeuten würde.

f) Das wiederum missfällt den Bootsbesitzern, die dann keinen direkten Zugang von Land zu ihren Booten mehr hätten.

g) Die betroffenen Mitglieder machen verschiedene Vorschläge, wie die fehlenden Liegeplätze für die Boote ersetzt werden könnten.

h) Er plädiert für ein Bojenfeld weiter draußen im See.

1.	2.	3.	4.	5.	6.	7.	8.
d							

1. _Die beiden Vorstände berichten, dass der Nordsteg mit den daran befindlichen 14 Liegeplätzen ab Mitte Juni nächsten Jahres nicht mehr zum Vereinsgelände gehören wird._

2. _____

_____

_____

_____

3. _____

_____

_____

_____

4. _____

_____

_____

_____

_____

_____

5. _____

_____

_____

_____

6. _____

_____

7. _____

_____

_____

_____

8. _____

_____

_____

_____

TOP 2 Einnahmen der letzten Veranstaltungen

a) Abzüglich der Ausgaben für Getränke, Essen und Musik bleibt ein Reinerlös von 1458 Euro.

b) So waren allein bei der Jugendregatta sicherlich 50 Zuschauer zu Gast, die sich durchaus für den Segelclub interessierten.

c) Beim Sommerfest wurde ein Umsatz von 3412 Euro erreicht, was deutlich über dem Vorjahresergebnis liegt.

d) Der Kassenwart gibt einen Überblick über die Einnahmen, die bei den letzten Veranstaltungen des Vereins erzielt wurden.

e) Hier halten sich die Einnahmen durch die Startgelder mit den Ausgaben für das Organisationsteam die Waage.

f) Etwas anders sieht es bei den beiden Regatten aus.

g) Alle waren sich aber darin einig, dass schon der Werbeeffekt die Mühe lohnt.

h) Das waren am 3. Juni das Sommerfest, am 5. Juli die 24-Stunden-Regatta und am 12. Juli die Jugend-Regatta.

1.	2.	3.	4.	5.	6.	7.	8.

1. _____

   _____

   _____

   _____

   _____

2. _____

   _____

   _____

   _____

3. _____

_____

_____

_____

4. _____

_____

_____

5. _____

_____

_____

6. _____

_____

_____

_____

7. _____

_____

_____

8. _____

_____

_____

_____

TOP 3 Antrag auf Überarbeitung der Hausordnung

a) Schließlich wurde entschieden, auch für das Wochenende eine Putzhilfe zu organisieren, die zumindest die morgendliche Grundreinigung vornehmen soll.

b) Laut der Beschwerde von B. Emmer wird am Wochenende von den meisten Mitgliedern nur sehr oberflächlich und manchmal auch gar nicht geputzt, was die Küchen- und Badbenutzung sehr unangenehm werden lässt.

c) Für die weiteren Punkte, die Regelung der Partys der Jugendlichen und die Kleiderordnung im Verein, wurden zwei Arbeitsgruppen (Moser, Gerlinger, Paul/Pringel, Fuchs, Gebhard) gebildet, die bei der nächsten Sitzung Vorschläge zur Abstimmung vorlegen sollen.

d) Von einigen Mitgliedern kam die Anregung, dass die Hausordnung in einigen Punkten veraltet erscheint und überarbeitet werden sollte.

e) Darüber hinaus wurde zu Bedenken gegeben, dass gerade am Wochenende durch verschiedene Veranstaltungen oder auch Mitglieder in Feierlaune mehr Schmutz und Abfall anfällt.

f) Als erster Punkt wurde der Putzdienst am Wochenende genannt.

1.	2.	3.	4.	5.	6.

1. _____

_____

_____

_____

2. _____

_____

_____

3. _____

4. _____

5. _____

6. _____

3 b) Lesen Sie und kreuzen Sie an: Was ist richtig, was ist falsch?

	richtig	falsch

Zu TOP 1:

	richtig	falsch
1. Das Gelände des Segelclubs wird kleiner werden.	☒	☐
2. Ein Fischer will einen Teil des Grundstücks pachten.	☐	☐
3. Die Mitglieder wollen die fehlenden Boote ersetzen.	☐	☐
4. Die bestehenden Anlegeplätze könnten verlängert werden.	☐	☐
5. Die Umbauarbeiten würden wahrscheinlich einen Monat lang dauern.	☐	☐
6. Ein Mitglied möchte das nicht, weil das Vereinsleben darunter leiden würde.	☐	☐
7. Es sollte lieber Liegeplätze an Land geben.	☐	☐

Zu TOP 2:

	richtig	falsch
1. Bei der Versammlung wird berichtet, wie viel Geld der Verein bei den letzten Veranstaltungen ausgegeben hat.	☐	☐
2. Leider wurde nicht so viel Geld wie im letzten Jahr eingenommen.	☐	☐
3. Wenn man das ausgegebene Geld vom Umsatz abzieht, bleiben immer noch 1458 Euro Gewinn.	☐	☐
4. Mit den Regatten hat der Verein am meisten verdient.	☐	☐
5. Die Regatten sind eine gute Werbung für den Verein.	☐	☐

Zu TOP 3:

	richtig	falsch
1. Die Hausordnung ist zu alt und muss im Ganzen neu geschrieben werden.	☐	☐
2. Die Mitglieder benützen am Wochenende ungern Küche und Bad, weil beides nicht sauber ist.	☐	☐
3. An den Wochenenden wird im Verein viel gefeiert, weshalb einige Mitglieder Bedenken haben.	☐	☐
4. Eine Putzhilfe soll immer am Morgen den Boden reinigen.	☐	☐
5. In Arbeitsgruppen werden nun Ideen gesammelt, wie man die Partys der Jugendlichen und die Kleiderordnung regeln kann.	☐	☐

E Umwelt und Natur

E1 Freiwillig und ehrenamtlich

1 a) Die Organisation „Hilf mit!" bietet jungen Menschen die Möglichkeit, sich
ehrenamtlich im Umweltschutz zu engagieren und dabei fremde Länder,
Kulturen und Lebensbedingungen kennenzulernen. Lesen Sie die Anzeigen
und ordnen Sie zu: Wer eignet sich für welches Projekt? Vorsicht: Nicht
alle Personen können zugeordnet werden.

1.

b

Ecuador:
Für dieses Projekt werden Leute gesucht, die sehr genau und strukturiert
arbeiten. Die Bäume in einem Nebelwald müssen gezählt, nummeriert und
vermessen werden, damit nach Abschluss der Bestandsaufnahme das Gebiet als
Reservat anerkannt werden kann. Dann dürfen in diesem Wald keine Bäume
mehr geschlagen werden, was für den Wasserkreislauf enorm wichtig ist. Die
Wasserversorgung der gesamten Region hängt davon ab.

- Mindestalter: 21 Jahre
- Einsatzdauer: drei bis vier Wochen
- Arbeitszeiten: vier Stunden pro Tag im Wald, zwei Stunden Campversorgung
- Unterkunft und Verpflegung: Camp in der Nähe des Regenwaldes, Versorgung
  selbstständig
- Vorkenntnisse: nicht erforderlich; Fähigkeit zu exaktem und ordentlichem
  Arbeiten und methodischem Vorgehen wichtig; körperliche Fitness, da die
  Gebiete zum Teil sehr schwer zugänglich sind
- Impfungen: alle Basisimpfungen; obligatorisch außerdem Gelbfieber;
  empfohlen werden vom Auswärtigen Amt Impfungen gegen Hepatitis,
  Tollwut und Typhus

2.

□

Guatemala:

Hilf mit beim Meeresschildkröten-Projekt! Du kannst helfen, kleine Meeresschildkröten zu schützen, die frisch aus dem Ei geschlüpft sind. Sie sollen die Chance haben, das rettende Wasser zu erreichen, bevor sie gefressen oder eingesammelt und als Delikatesse verkauft werden. Die Strände, wo die Schildkröten ihre Eier vergraben haben, müssen eine Zeit lang Tag und Nacht bewacht werden. Doch wo könnte man besser seine Zeit verbringen als am wunderbaren Pazifik mit seinen traumhaften Stränden, und gleichzeitig etwas Sinnvolles tun?

- Mindestalter: 18 Jahre
- Einsatzdauer: acht Wochen bis zwölf Monate
- Arbeitszeiten: Schichtdienst an sieben Tagen die Woche, insgesamt ca. 30 Stunden die Woche
- Unterkunft und Verpflegung: Untermiete und WGs
- Vorkenntnisse: nicht erforderlich
- Impfungen: die üblichen Basisimpfungen

3.

□

Amazonas:

Die Mitarbeiter des im Amazonasgebiet gelegenen Nationalparks sehen es als ihre Hauptaufgabe, illegal gehandelte Tiere zu suchen und aufzunehmen, dann in ihrer natürlichen Umgebung zu betreuen und schließlich ihre Auswilderung vorzubereiten. Auch bedrohte Tierarten, die in Privathand gelandet sind, werden angenommen. Das Projekt ist auf freiwillige Helfer angewiesen, da es keine Unterstützung durch öffentliche Mittel gibt. Das Tierreservat wird von einer indigenen Familie aus dem Amazonas-Gebiet betreut, die dringend Spenden benötigt, damit Ernährung und medizinische Versorgung der Tiere bestehen bleiben können.

- Mindestalter: 18 Jahre
- Einsatzdauer: mindestens vier Wochen, um den Tieren Kontinuität zu bieten
- Arbeitszeiten: ca. 30 Stunden pro Woche, nach Wunsch auch mehr
- Unterkunft und Verpflegung: Privatunterkünfte oder Hostels; Essen auf dem Projektgelände
- Vorkenntnisse: Erfahrung im Umgang mit exotischen Tieren; medizinische Vorkenntnisse willkommen, aber nicht notwendig
- Impfungen: nach den Impfempfehlungen der Deutschen Gesellschaft für Tropenmedizin

4.

Madagaskar:

Wer sich für den Schutz der Meere einsetzen möchte, ist in unserem Expeditionscamp am Indischen Ozean herzlich willkommen. In den ersten drei Wochen werden die Freiwilligen von erfahrenen Meeresbiologen in die Thematik eingeführt. Wie erkennt man die verschiedenen Korallenarten und Fische? Welche Methoden zur Kennzeichnung und Dokumentation gibt es? Gleichzeitig werden Tauchkurse angeboten. Die Freiwilligen sollten mindestens den Advanced Open Water Diver machen. Anschließend beginnt die eigentliche Forschungsarbeit. Die Daten der täglichen Tauchgänge fließen in die Forschungsberichte ein und stellen einen wichtigen Beitrag zum Erhalt eines der faszinierendsten Ökosysteme weltweit dar. Der Fischbestand, der seit einigen Jahren immer weiter abnimmt, ist die Existenzgrundlage der einheimischen Fischer, die auch eng in die Arbeit des Projekts eingebunden sind.

- Mindestalter: 18 Jahre
- Einsatzdauer: mindestens drei Monate
- Arbeitszeiten: ca. 30 Stunden pro Woche, nach Wunsch auch mehr
- Unterkunft und Verpflegung: gemeinsame Unterbringung der Freiwilligen im Beach Resort, Vollpension
- Vorkenntnisse/Voraussetzungen: Tauchschein von Vorteil, aber nicht notwendig; medizinischer Nachweis der Eignung zum Tauchen; gute Englischkenntnisse
- Impfungen: nach den Empfehlungen einer tropenmedizinischen Beratungsstelle; an der Küste erhöhte Infektionsgefahr für Malaria

5.

Südafrika:

Dieses interessante und außergewöhnliche Projekt dient dem Schutz der Haie. Für das Ökosystem Meer sind die Haie immens wichtig, aber dennoch werden sie erbarmungslos gejagt, da ihre Flossen in Teilen der Welt als Delikatesse gelten. Der Rest der Tiere wird tot oder sterbend ins Meer zurückgeworfen. Die meisten Haiarten sind überfischt, da Haie sehr langsam wachsen und sich erst mit 30 Jahren fortpflanzen können. Da viele Menschen Haie als gefährlich und aggressiv einstufen, führt dieses falsche Bild dazu, dass die Tiere nicht im notwendigen Maß geschützt werden. Teilnehmer an diesem Projekt beobachten die Tiere und untersuchen deren Verhalten, begleitet und geschult von erfahrenen Meeresbiologen und Verhaltensforschern. Dazu kommen Tauchgänge mit Haien in Käfigen und nach dieser Phase der Einarbeitung die Begleitung und Unterrichtung von Touristen bei Bootsausflügen in Haigebiete.

- Mindestalter: 18 Jahre
- Einsatzdauer: mindestens zwei Wochen, Kombination mit anderen Projekten möglich

> - Arbeitszeiten: ca. vier Stunden täglich
> - Unterkunft und Verpflegung: eigenes Haus der Freiwilligen in der Nähe der Organisation, Selbstversorgung
> - Vorkenntnisse/Voraussetzungen: gute Englischkenntnisse
> - Impfungen: keine Pflichtimpfungen

a) Agnes hat gerade ihr Abitur gemacht und möchte sich für ein halbes Jahr irgendwo in der Welt für den Tierschutz einsetzen. In der Schule war sie in den naturwissenschaftlichen Fächern nicht sehr gut, aber Englisch, Französisch und Spanisch sind ihr leichtgefallen. Sie möchte sich gerne nützlich machen und viel arbeiten. Leider ist sie gesundheitlich nicht sehr belastbar, leidet an einigen Allergien und sollte auch keine zusätzlichen Impfungen bekommen.

b) Alexander studiert Ingenieurwesen und möchte in seinen Semesterferien ein fremdes Land kennenlernen, aber nicht nur als Tourist. Tierschutz ist dabei nicht seine Priorität, ihn interessiert eher die Entwicklungspolitik. Da er sehr sportlich ist, würde er gern in abgelegenen Gebieten arbeiten, auch um an seine Grenzen zu gehen.

c) Friederike hat soeben ihr Ethnologie-Studium abgebrochen und möchte sich nun eine Auszeit bis zu einem Jahr nehmen, um sich zu überlegen, was sie einmal beruflich machen möchte. Sie interessiert sich für die Lebensbedingungen der Menschen besonders in den Entwicklungsländern und würde gern vor Ort helfen. Außerdem liebt sie alle Arten von Wassersport.

d) Moritz ist Student der Tiermedizin und auf politischer Ebene sehr aktiv im Umwelt-schutz. Seiner Meinung nach sollten viele Missstände durch schärfere Gesetze geregelt werden. Nun möchte er selbst einmal an der Basis mitarbeiten und dadurch vielleicht einen klareren Blick gewinnen, wofür man sich politisch einsetzen sollte. Für diesen Freiwilligendienst hat er sechs Wochen eingeplant.

e) Valérie geht noch zur Schule, ist aber sehr aktiv im Tierschutz. Sie hat gerade die zehnte Klasse abgeschlossen. Für die Sommerferien möchte sie sich bei einem Freiwilligenprojekt in Südamerika bewerben. Am liebsten hätte sie es mit vielen verschiedenen exotischen Tieren zu tun. Sie hofft, dass sie durch diese Zeit selbstständiger wird und eine Vorstellung davon entwickelt, was sie später einmal studieren könnte.

f) Leoni hat drei Monate Zeit und möchte ein Land ausführlich bereisen. Phasenweise will sie dort aber ehrenamtlich arbeiten und nicht nur als Tourist unterwegs sein, möglichst auch an verschiedenen Einsatzorten. Wichtig ist ihr, in dieser Zeit viel über das Land, die Bevölkerung und den Umwelt- und Tierschutz zu lernen. Auch sollte es ein englischsprachiges Land sein, da sie keine andere Fremdsprache beherrscht.

1 b) Drei der oben genannten Personen bewerben sich mit einer kurzen E-Mail für einen Freiwilligendienst und begründen darin, weshalb sie sich für das Projekt interessieren. Ergänzen Sie die Wörter und orientieren Sie sich an den Anzeigen und den Texten über die Personen.

1.

● ● ●

Sehr geehrte Damen und Herren,

das Projekt im Nebelwald von Ecuador *interessiert* m_____ s_____ und

ich h_____, dass ich im R_____ des Freiwilligendienstes eine

U_____ sein kann. Ich r_____ gern, möchte

aber nicht nur als T_____ ein Land kennenlernen. Mein

b_____ Interesse g_____ der

E_____.

A_____ Student d_____ Ingenieurwesens kann ich sicherlich meine in

e_____ Praktika e_____ K_____

sinnvoll einsetzen, wie eine B_____

der Bäume durchgeführt w_____ s_____. Auch arbeite ich

m_____ e_____ und o_____ und bin

k_____ gut trainiert, weshalb auch schwer

z_____ Gebiete für mich kein P_____ darstellen

sollten.

Über eine b_____ p_____ Antwort w_____ ich mich

freuen.

Mit f_____ G_____

Alexander Meier

2.

● ● ●

Liebes Team,

nachdem ich g_____ mein A_____ g_____ habe, möchte

ich f____ ein h_____ J_____ gerne b____ eurem Schutzprojekt für

Meeresschildkröten m_____.

Spanisch ist f____ m_____ k_____ P_____, auch kann ich g_____

T_____- und N_____ ü_____.

Ich f_____ mich, bald zu eurem Team zu g_____!

V_____ G_____

Agnes

3.

● ● ●

S_____ g_____ D_____ und H_____,

illegaler T_____ und U_____ indigener

Familien aus dem Amazonas-Gebiet, die v_____, ihre Heimat zu

schützen, sind meiner M_____ n_____ w_____

T_____, die eine Regelung durch s_____ G_____

brauchen. Als Student der T_____ und Aktivist im

U_____ möchte ich gern sechs Wochen l_____ b__

Ihrem Projekt im Amazonas-Tierreservat m_____.

Bitte geben Sie mir B_____, wenn bei meinen U_____

zur A_____ noch etwas fehlt.

Mit f_____ Grüßen

Moritz Meininger

E2 Umweltschutz beim Einkaufen

2 a) Lesen Sie die Einleitungen zu den Einkaufsratgebern und kreuzen Sie an: Was ist richtig?

1. Einkaufsratgeber Fisch

Ein ausgewogener und gesunder Speiseplan beinhaltet Fisch. Für viele Menschen auf dieser Erde ist Fisch sogar überlebenswichtig, weil er die Basis ihrer Ernährung beziehungsweise ihre Existenzgrundlage bildet. Doch der Bestand an Fischen in den Weltmeeren nimmt beständig ab und viele Arten sind inzwischen ernsthaft bedroht. Überfischung, das heißt rücksichtslose und kurzsichtige Ausbeutung durch die Fangmethoden der Fischereiindustrie, hat dazu geführt, dass fast ein Drittel der Fischbestände weltweit kurz vor dem Aussterben steht. Weitere zwei Drittel werden bis an die Grenzen genutzt. Wenn die bedrohten Fische nicht konsequent unter Schutz gestellt werden, kann sich der Bestand nicht mehr erholen. Dazu kommt die Problematik des Beifangs: Weltweit sind 40 Prozent des Fangs beim Fischen als Nahrung unbrauchbar, nämlich Seevögel, Haie, Delfine, Meeresschildkröten und Wale. Dennoch sterben sie in den Netzen, was dem ökologischen Gleichgewicht in den Meeren zusätzlich schadet.

Auf politischer Ebene wird versucht, durch gesetzliche Fangquoten einer Überfischung entgegenzuwirken. Allerdings haben Umweltschutzorganisationen festgestellt, dass die festgelegten Fangquoten im Durchschnitt nahezu 30 Prozent über den von Wissenschaftlern empfohlenen Höchstgrenzen liegen.

Neben einer politischen Lösung ist aber auch der Einsatz der Verbraucher gefragt. Fisch sollte eine Delikatesse bleiben, die nicht täglich verzehrt wird. Wesentlich ist auch, welcher Fisch auf den Teller kommt: Grundsätzlich sollte beim Einkauf auf Bio- oder Umweltsiegel geachtet werden.

Eine weitere Hilfe ist der folgende Fisch-Ratgeber, der die Fische in die Kategorien „Gute Wahl", „Zweite Wahl" und „Lieber nicht" einteilt. Sie können den Fisch-Ratgeber auch als App auf Ihr Smartphone laden.

a) Wenn man sich gesund ernähren möchte, sollte man Fisch essen. ☒

Viele Menschen können nur überleben, weil sie täglich Fisch essen. ☐

b) Die Fischereiindustrie hat schon ein Drittel aller Fische dieser Erde weggefangen. ☐

Die Fischereiindustrie muss ihre Fangmethoden ändern, damit nicht bald viele Fische vom Aussterben bedroht sind. ☐

c) In den Netzen werden viele Tiere gefangen und getötet, die man gar nicht essen kann. ☐

Von den Tieren, die gefangen werden, ist fast die Hälfte für das ökologische Gleichgewicht der Meere schädlich. ☐

d) Die Politiker setzen Grenzen fest, wie viele Fische pro Jahr gefangen werden dürfen. ☐

Die Fangquoten haben zur Folge, dass es keine Überfischung mehr gibt. ☐

e) Umweltschutzorganisationen möchten nach der Empfehlung von Wissenschaftlern die Fangquoten um 30 Prozent erhöhen. ☐

Der Meinung von Meeresbiologen nach sollte noch weniger Fisch als momentan erlaubt gefangen werden, damit sich die Bestände erholen können. ☐

f) Letztendlich entscheidet die Nachfrage des Konsumenten darüber, ob die Überfischung in dem Maße weitergeht. ☐

Nur die Fische mit Bio- oder Umweltsiegel sind eine Delikatesse, die anderen Fische kann man täglich essen. ☐

2. Einkaufsratgeber Fleisch

Fleisch ist ein wertvolles Nahrungsmittel, mit dem der Verbraucher allerdings nicht nur aus gesundheitlichen, sondern auch aus ökologischen Gründen bewusst umgehen sollte.

Die Herstellung von Fleisch ist äußerst aufwendig. Allein die Ernährung der Tiere erfordert riesige Mengen an Futtermitteln, die angebaut und bewässert werden müssen. So braucht zum Beispiel die Herstellung von einem Kilogramm Schweinefleisch 10 000 Liter Wasser. Andererseits haben 1,1 Milliarden Menschen weltweit keine Möglichkeit, sauberes Trinkwasser zu bekommen. Außerdem werden 70 Prozent des Agrarlandes für die Viehhaltung verwendet. Allein für die Produktion von Tierfutter wird ein Drittel der globalen Anbauflächen belegt. Durch die intensive Nutzung der Flächen wird das Grundwasser mit Dünger, Unkraut- und Insektenvernichtungsmitteln verschmutzt und die Vielfalt der Pflanzen geht verloren, mit weiteren negativen Konsequenzen für das ökologische Gleichgewicht. Dazu verursacht die Viehwirtschaft große Mengen an Treibhausgasemission, mehr als der gesamte Verkehrssektor.

Intensive Tierhaltung in Großställen, die auf Weidegang verzichtet, hat einen erhöhten Einsatz von Medikamenten, besonders Antibiotika, zur Folge. Abgesehen vom Tierschutz hat das auch Auswirkungen auf die Gesundheit der Menschen.

Laut einer Empfehlung der Deutschen Gesellschaft für Ernährung sollte ein Mensch deshalb maximal 300 bis 600 Gramm Fleisch pro Woche essen. In Deutschland wird momentan pro Person doppelt so viel Fleisch verzehrt.

Der vorliegende Ratgeber hat bei seinen Bewertungen alle oben genannten Punkte beachtet. Er orientiert sich also an ökologischer und tiergerechter Landwirtschaft und vergibt danach die Bewertungen „Gute Wahl", „Zweite Wahl" oder „Lieber nicht".

a) Fleisch kostet zwar viel, ist aber für die Gesundheit sehr gut. ☐

Wenn man Fleisch essen möchte, sollte man sowohl an seine Gesundheit als auch an die Umwelt denken. ☐

b) Die Fleischproduktion besetzt große Teile der landwirtschaftlichen Flächen, die damit für den Anbau von Gemüse und Obst verloren gehen und große Mengen an Wasser verbrauchen. ☐

Wegen der Fleischproduktion gibt es für 1,1 Milliarden Menschen kein sauberes Trinkwasser. ☐

c) Die Flächen, auf denen intensiv Tierfutter angebaut wird, werden ☐
gedüngt und mit Herbiziden und Pestiziden bearbeitet, was schlecht
für die Qualität des Grundwassers ist.

Die Anbauflächen werden durch viele verschiedene Pflanzen ☐
intensiv genutzt, aber auch verschmutzt.

d) Weil für die Fleischproduktion viele Tiere transportiert werden ☐
müssen, gibt es viel Verkehr und damit auch Belastung der
Umwelt durch Abgase.

Die Fleischproduktion ist Grund für viele Abgase, die für die ☐
Klimaerwärmung verantwortlich sind, die sogenannten Treibhausgase.

e) Wenn Tiere zu wenig Bewegung und frische Luft haben, werden ☐
sie schneller krank und brauchen viele Medikamente.

Es ist gut für die Gesundheit der Menschen, dass die Tiere, ☐
die in Großställen gehalten werden, viele Antibiotika bekommen.

f) 300 bis 600 Gramm Fleisch ist das Doppelte von dem, was ein Mensch ☐
pro Woche essen sollte.

Die Deutschen sollten ihren Fleischkonsum halbieren. ☐

2 b) Ergänzen Sie die folgenden Sätze. Die passenden Wörter dazu finden Sie im Einkaufsratgeber Fisch. Welche der ergänzten Wörter erkennen Sie darin? Kreuzen Sie an, welche Definition korrekt ist.

1. Ein ausgewogener und gesunder Speiseplan b_einhaltet_ Fisch.

   der Inhalt

☒ Etwas ist in einer Sache.

☐ Etwas erzählt über eine Sache.

2. Für viele Menschen auf der Erde ist Fisch ü_____.

   _____

☐ Etwas ist wichtiger als das Leben.

☐ Etwas ist wichtig, um am Leben zu bleiben.

3. Für viele Menschen ist die Fischerei ihre E_____.

_____

☐ Etwas stellt die Basis für das Leben dar.

☐ Etwas ist der Grund für das Leben.

4. Der B_____ an Fischen in den Weltmeeren nimmt stetig ab.

_____

☐ wie viele Fische es gibt

☐ wo es die Fische gibt

5. Die Fangmethoden der Fischereiindustrie führen zu Ü_____.

_____

☐ Die Netze schwimmen über die Fische und fangen deshalb keine.

☐ mehr Fische fangen als nachwachsen können

6. Die rücksichtslose und kurzsichtige A_____ der Fischbestände
   durch die Fischereiindustrie bedroht viele Arten.

_____

☐ etwas nehmen, ohne etwas zurückzugeben

☐ Fische aus dem Netz nehmen

7. Ein Drittel der Fischbestände weltweit ist kurz vor dem A_____.

_____

☐ Viele Fische sterben in einer Region, aber aus anderen Regionen kommen
   wieder Fische nach.

☐ Nicht nur einzelne Fische, sondern eine ganze Fischart stirbt.

8. 40 Prozent des Fangs beim Fischen sind B_____ und als Nahrung
   unbrauchbar.

_____

☐ Tiere, die ohne Absicht mitgefangen werden

☐ Tiere, die in einem Fischnetz dabei sein müssen

9. U_____ empfehlen
   niedrigere Fangquoten als die Politiker.

   _____

   _____

   ☐ Organisationen, die es überall auf der Welt gibt

   ☐ Organisationen, die sich um die Umwelt kümmern und die Natur schützen

10. Der V_____entscheidet, welchen Fisch er kauft und
    welchen nicht.

    _____

    ☐ jemand, der dringend etwas braucht

    ☐ jemand, der ein Produkt kauft und für sich benutzt

2 c) **Ergänzen Sie die folgenden Sätze. Die passenden Wörter finden Sie im Einkaufsratgeber Fleisch. Welche der ergänzten Wörter erkennen Sie darin? Kreuzen Sie an, welche Definition korrekt ist.**

1. Mit dem Nahrungsmittel Fleisch sollte der Verbraucher aus gesundheitlichen

   und ökologischen Gründen b_____ umgehen.

   _____

   ☐ Man weiß um die Folgen einer Sache.

   ☐ Man hat etwas über eine Sache gewusst.

2. Die Herstellung von Fleisch ist sehr a_____.

   _____

   ☐ Etwas passiert an einer Wand.

   ☐ Etwas kostet viel Mühe und Energie.

3. 70 Prozent des Agrarlandes werden für die V_____ verwendet.

   _____

   ☐ Jemand besitzt Nutztiere.

   ☐ eine Station für Nutztiere

4. Allein für die Produktion von Futtermitteln wird ein Drittel der globalen

A_____ belegt.

_____

☐ ein Platz, wo Gebäude stehen könnten

☐ eine landwirtschaftliche Nutzfläche, wo Nahrungsmittel wachsen können

5. Das Grundwasser wird mit U_____
   verschmutzt.

_____

_____

_____

☐ eine Substanz, die das kaputt macht, was nicht auf dem Feld wachsen soll

☐ eine Substanz, die nicht gut für Kräuter ist

6. Intensive Tierhaltung in Großställen verzichtet auf W_____.

_____

☐ ein Weg, der vom Großstall zur Wiese führt

☐ Die Tiere gehen auf eine Wiese und fressen dort Gras.

7. Er orientiert sich an ökologischer und t_____ Landwirtschaft.

_____

☐ Die Landwirtschaft beachtet die Rechte und Bedürfnisse der Tiere.

☐ Die Landwirtschaft hat das Recht, Tiere zu halten.

E3 Alte Sorten und Rassen

3 a) Lesen Sie den Zeitungsartikel aus dem Magazin „BioAgro" und ergänzen Sie die Lücken mit den Wörtern aus dem Schüttelkasten.

Verlust • weltweit • Umweltbedingungen • Ertrag • Ernährung • Rückgang •
Lebensqualität • Wirtschaftlichkeit • Eigenschaften • Verbreitung •

Erlenbach. Der Artenreichtum der Natur zur _Ernährung_ der Menschheit ist immens.

Weltweit gibt es 30 000 essbare Pflanzen. Unter dem Aspekt der

_____ (1) werden heutzutage für die Ernährung

hauptsächlich drei genutzt: Weizen, Reis und Mais. Der _____ (2) an

Artenvielfalt alarmiert jedoch Wissenschaftler, Mediziner, Tierschützer und Verbraucher.

Sie sehen nicht nur die _____ (3), sondern sogar die Existenz

künftiger Generationen bedroht. Gegenwärtig gibt es _____ (4) nur wenige

Konzerne, die Saatgut und Pestizide für Pflanzen produzieren. Experten erkennen darin

einen entscheidenden Grund für den _____ (5) der Artenvielfalt

beziehungsweise die _____ (6) von Monokulturen. Die Nutzpflanzen

werden so gezüchtet, dass sie optimalen _____ (7) bringen und möglichst

gleichförmig sind, damit sie maschinell einfach weiterverarbeitet werden können. So

gehen aber wertvolle _____ (8) verloren, die sich in den

verschiedenen Regionen über viele Jahrhunderte bei den Pflanzen entwickelt hatten und

den dort herrschenden _____ (9) angepasst waren.

Massentierhaltung • gleichmäßig • Aussterben • Krankheitserreger • Entwicklung • wässrig • schaden • Niederschläge • Landwirtschaft • eignen • Geschmack • Getreide • widerstehen • schützen

Nördlich der Alpen zum Beispiel gibt es viele _____ (10) und

entsprechend müssen die Pflanzen resistent gegen Pilze sein. Auch ist es vorteilhaft,

wenn die Pflanzen hoch wachsen, um Unkräutern zu _____ (11).

Üblicherweise wird aber das _____ (12) von heute möglichst kurz

gezüchtet, damit die Kraft ins Korn und nicht in den Wuchs einer hohen Pflanze geht.

Auch ist in der _____ (13) der Bedarf an Stroh

zurückgegangen, weshalb sich hohe Pflanzen nicht mehr lohnen. Um aber kurze

Getreidepflanzen gegen Unkraut zu _____ (14), werden Herbizide und

Pestizide eingesetzt. Die Gifte _____ (15) den Bienen, die auch die

sogenannten Unkräuter brauchen, um genügend Nahrung zu bekommen. Seit Jahren

gibt es immer wieder mysteriöse Massensterben von Bienenvölkern, die auf

_____ (16), Hunger, Stress, besonders aber auch

auf in der _____ (17) eingesetzte chemische Substanzen

zurückgeführt werden. Wie bedrohlich diese _____ (18) ist, hat

bereits Albert Einstein erkannt. Der Nobelpreisträger soll gesagt haben: „Wenn die

Bienen sterben, sterben vier Jahre später auch die Menschen." Ohne die Bienen würde

ein Drittel unserer Nahrung wegfallen.

Ein weiterer Vorteil der alten regionaltypischen Sorten ist der _____ (19).

Er ist deutlich intensiver als bei den üblichen Sorten, die häufig zwar optisch

ansprechend und _____ (20) gewachsen sind, allerdings oft

_____ (21) und langweilig schmecken. Da sich die alten Sorten meist nicht

für den Transport _____ (22), werden sie nach der Ernte gleich konsumiert, was

zusätzlich dem Geschmack zugutekommt.

Auch wenn man bei Tieren, die vom _____ (23) bedroht sind, eher an

exotische Wildtiere denkt, ist doch der Rückgang der Artenvielfalt gerade bei den

Tierschutz • Ziel • Weltbevölkerung • Mängel • Kraft • gefährdeten • unwiederbringlich • kostenintensiv • Eigenschaften • Mechanisierung • Widerstandskraft • Betreuung • Landschaften

heimischen Nutztieren dramatisch. Jede Woche geht weltweit mindestens eine

Nutztierrasse _____ (24) verloren. Im letzten

Jahrhundert sind weltweit von 6400 Nutztierrassen etwa 1000 ausgestorben. Weitere

2000 stehen auf der Liste der _____ (25) Tiere.

Wesentliches _____ (26) der Nutztierhalter ist Wirtschaftlichkeit, also mehr Fleisch,

mehr Milch oder mehr Wolle pro Tier. Ganz abgesehen davon, dass der

_____ (27) darunter leidet und die Haltungsbedingungen den Tieren

schaden, wird das genetische Material immer gleichförmiger. Dadurch verlieren diese

Arten an _____ (28) und werden anfälliger für

Krankheiten. Auch verschwinden viele _____ (29), die bei

Veränderungen der Umweltbedingungen nützlich sein könnten. Der Verlust dieses

genetischen Potenzials ist auch ein Verlust an kultureller Vielfalt und lässt das

Erscheinungsbild der _____ (30) ärmer werden.

In früheren Zeiten gaben Rinder nicht nur Milch und lieferten Fleisch, sondern wurden

auch aufgrund ihrer _____ (31) als Zugtiere geschätzt. Mit der

_____ (32) der industriellen Landwirtschaft konzentrierte

sich die Nutzung der Tiere immer nur auf eine Eigenschaft. Es werden Hochleistungstiere

gezüchtet, deren _____ (33) in Bezug auf Konstitution, Fruchtbarkeit,

Gesundheit und Lebenserwartung nur durch umfangreiche medizinische

_____ (34) ausgeglichen werden können. Die meist notwendige häufige

Gabe von Medikamenten ist _____ (35) und wirkt sich

negativ auf die Qualität der Produkte aus. Der Erhalt alter Sorten und Rassen, die optimal

an regionale Gegebenheiten angepasst sind, wäre gerade im Hinblick auf die Ernährung

einer zunehmenden _____ (36) dringend notwendig.

Einem Umdenken stehen jedoch wirtschaftliche und politische Interessen entgegen.

3 b) Verbinden Sie die Sätze/Satzteile aus dem Text mit den Sätzen/Satzteilen, die dieselbe Bedeutung haben.

Text:

1. Der Artenreichtum der Natur zur Ernährung der Menschheit ist immens.
2. Unter dem Aspekt der Wirtschaftlichkeit werden ...
3. Experten erkennen darin einen entscheidenden Grund für den Rückgang der Artenvielfalt ...
4. Die Nutzpflanzen werden so gezüchtet, ...
5. ... die den dort herrschenden Umweltbedingungen angepasst waren.
6. ... ist in der Massentierhaltung der Bedarf an Stroh zurückgegangen, ...
7. ... aber auch auf in der Landwirtschaft eingesetzte chemische Substanzen zurückgeführt werden.
8. ..., die häufig zwar optisch ansprechend und gleichmäßig gewachsen sind, ...
9. Wesentliches Ziel der Nutztierhalter ist Wirtschaftlichkeit, ...
10. ..., wird das genetische Material immer gleichförmiger.
11. Der Verlust dieses genetischen Potenzials ist auch ein Verlust an kultureller Vielfalt und lässt das Erscheinungsbild der Landschaften ärmer werden.
12. Es werden Hochleistungstiere gezüchtet, deren Mängel in Bezug auf Konstitution, Fruchtbarkeit, Gesundheit und Lebenserwartung nur durch umfangreiche medizinische Betreuung ausgeglichen werden können.

Bedeutung:

a) Nach Meinung der Fachleute ist vor allem das schuld daran, dass es immer weniger verschiedene Arten gibt ...
b) ... die gut zum Klima, zum Boden und zur Landschaft in dieser Region passten.
c) ... wird nicht mehr so viel Stroh gebraucht, wenn große Mengen an Tieren in einem Stall zusammen gehalten werden ...
d) Wenn Eigenschaften, die an die Tierjungen weitergegeben werden könnten, verloren gehen, so geht auch die Kultur einer Region verloren. Sie verändert sich und wird langweiliger, weil man weniger verschiedene Tiere sieht.
e) Die Pflanzen werden durch Kombination besonders starker Pflanzen so verändert ...
f) ..., die oft gut aussehen und gleich groß und ohne Fehler sind, ...
g) Die Tiere geben große Mengen an Milch, Fleisch oder Wolle, aber sie sind schwach, bekommen schwer Junge, werden schnell krank und leben nicht lange. Deshalb brauchen sie oft Medikamente.
h) ... aber es sind auch Herbizide und Pestizide, die auf die Felder gespritzt werden, schuld daran.
i) In der Natur gibt es sehr viele Pflanzen, die die Menschen essen können.
j) Bauern, die Nutztiere halten, wollen damit möglichst viel Geld verdienen, ...
k) werden sich die Tiere immer ähnlicher.
l) Damit es sich lohnt und man viel Geld verdienen kann, werden ...

1.	2.	3.	4.	5.	6.	7.	8.	9.	10.	11.	12.
i											

3 c) Antworten Sie in Stichpunkten auf die Fragen links in der Tabelle.

1. Warum ist der Verlust an Artenvielfalt alarmierend?	*Lebensqualität und Existenz künftiger Generationen sind bedroht.*
2. Was ist ein entscheidender Grund für den Rückgang der Artenvielfalt und die Verbreitung von Monokulturen?	
3. Warum sehen die meisten Nutzpflanzen heutzutage so gleichförmig aus?	
4. Welche Eigenschaften haben alte Pflanzen, die in einer bestimmten Region wachsen?	
5. Warum wird Getreide heute möglichst kurz gezüchtet?	
6. Weshalb sind Herbizide und Pestizide schlecht für Bienen?	
7. Warum ist die Menschheit abhängig von den Bienen?	

8. Weshalb werden regionaltypische alte Sorten nach der Ernte gleich gegessen?

_____
_____
_____

9. Weshalb haben die Nutztiere von heute viel von ihrer Widerstandskraft verloren?

_____
_____
_____
_____

10. Weshalb wird von den Tieren heute immer nur eine Eigenschaft genutzt?

_____
_____
_____
_____

11. Warum brauchen die Nutztiere heutzutage so viele Medikamente?

_____
_____
_____
_____

12. Weshalb ist der Erhalt alter Sorten und Rassen notwendig?

_____
_____
_____
_____
_____

13. Was steht einem Umdenken entgegen?

_____
_____
_____
_____

F Religion und Spiritualität

F1 Auf der Suche

1 a) Lesen Sie zuerst die Werbetexte verschiedener Aussteller einer Esoterik-messe. Lesen Sie dann Ausschnitte aus Beiträgen in einem Informations- und Diskussionsforum im Internet und kreuzen Sie an, ob sie eher positive oder eher kritische Aussagen enthalten.

1. Wahrsagen mit Tarotkarten

Die uralte Kunst des Kartenlegens geht zurück auf das französische Kartenspiel Tarock, dessen Karten im Laufe der Jahrhunderte zunehmend symbolische Bedeutung erfahren haben. Die starke Aussagekraft der insgesamt 78 Karten erschließt sich auch einem Laien mit ein wenig Anleitung.

Bei uns finden Sie neben den berühmtesten Kartensätzen, dem Marseille-, dem Waite- und dem Crowley-Tarot, auch weniger bekannte Entwürfe. Sicherlich entdecken Sie so bei uns einen Kartensatz, dessen Symbolik Sie ganz persönlich anspricht.

Unsere Mitarbeiter/-innen nehmen sich gerne Zeit und erklären Ihnen ausführlich die verschiedenen Legetechniken und Interpretationsansätze. Auch finden Sie eine große Auswahl an Literatur rund um das Thema Tarot.

Jeder, der sich einmal auf das Abenteuer des Kartenlegens eingelassen hat, will es nicht mehr missen. Sie finden Zugang zu einer Bildsprache, die Ihnen die Augen öffnet für die tieferen Wahrheiten hinter den Dingen. Ob Sie morgens eine Karte wählen und Ihnen damit das Thema des Tages bewusst wird, oder ob Sie eine Frage stellen oder die Entwicklung Ihres Lebensweges in der nächsten Zeit erkennen wollen – die Tarotkarten halten Antworten für Sie bereit.

Besuchen Sie unseren Stand in Halle 3!

Wir erwarten Sie und freuen uns auf Sie.

	positiv	kritisch
a) ... waren wirklich sehr freundlich. Die Faszination, die von diesen Bildern ausgeht, ist mir nicht fremd, allerdings denke ich, dass ihre Interpretation äußerst subjektiv ist. Man kann die einzelnen Karten immer so verstehen und erklären, dass sie in das Bild passen, das man sich unbewusst von einer Situation macht ...	☐	☒
b) ... nach Hause kam, saß ich stundenlang vor den Karten und versuchte, Antworten auf meine Fragen zu finden. Je häufiger ich die Karten legte, umso mehr und unterschiedliche Antworten bekam ich. Schließlich rief ich in meiner Verwirrung ...	☐	☐
c) ... breitete sich plötzlich eine unendliche Klarheit in mir aus. Wo ich zuvor nur Probleme, Hindernisse und Schwierigkeiten gesehen hatte, öffneten sich plötzlich Wege und Möglichkeiten, auf die ich von allein nicht ...	☐	☐
d) ... denn seit einiger Zeit habe ich mir angewöhnt, jeden Morgen eine Karte zu ziehen. So bin ich gut vorbereitet auf alles, was auf mich zukommt, und gehe bewusster mit allem um, was ...	☐	☐

2. Selbsterkenntnis durch Astrologie

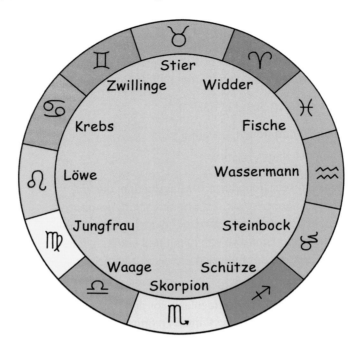

Schon in der Antike richteten die Menschen den Blick auf die Sterne, um ihren Einfluss auf das Leben und das Schicksal zu erkennen. Astrologen waren respektierte und angesehene Wissenschaftler, die häufig Königen und Kaisern als Berater zur Seite standen und die Kunst der astrologischen Deutung an Universitäten lehrten.

In der modernen Zeit musste die Astrologie der Astronomie weichen, die rein naturwissenschaftlich die Vorgänge im Universum untersucht, aber nicht mehr in Beziehung setzt zum Leben der Menschen und den Vorgängen auf unserer Erde. Aber auch wenn die Astrologie heutzutage von der Wissenschaft nicht mehr anerkannt ist, kann sie dennoch wertvolle Hilfe und Unterstützung in allen Lebensbereichen bieten.

Wir geben Ihnen gern einen Einblick in die Möglichkeiten der astrologischen Beratung und erklären Ihnen die Zusammenhänge zwischen Tierkreis, Planeten und Geburtsstunde beziehungsweise Geburtsort eines Menschen. Lösen Sie sich von der Vorstellung, Astrologie wäre nur der kleine Vierzeiler in der Wochenendausgabe der Zeitung, worin vielleicht dem Krebs eine arbeitsreiche Woche vorhergesagt wird ...

Der Berechnung eines ernst zu nehmenden Horoskops liegen die Geburtsstunde und der Geburtsort einer Person zugrunde. Der Mensch steht sozusagen im Zentrum, und die Bewegungen der Sternzeichen und der Planeten im Tierkreis um die Erde im Moment seiner Geburt bilden das Grundmuster seiner Persönlichkeit.

Das Tierkreiszeichen, in dem seine Sonne steht, ist das allgemein bekannte Sternzeichen. Ist derjenige also im August geboren, wird er sagen: Ich bin Löwe. Was jedoch die wenigsten Menschen wissen, ist, dass dies nur einen Bruchteil eines gesamten Horoskops darstellt. Sein Aszendent – das Tierkreiszeichen, das im Moment der Geburt am Osthorizont aufgeht –, die Stellung der Planeten in den zwölf Häusern und die Konstellationen der Planeten untereinander: Alles das hat seine Bedeutung, muss verstanden und in Beziehung zueinander gesetzt werden, um die ganze komplexe menschliche Persönlichkeit zu erfassen.

Daraus ergeben sich natürlich auch Rückschlüsse auf den Lebensweg dieses Menschen und wichtige Ereignisse, die jedoch in der Deutung der Astrologie von heute nicht mehr als unumgängliches Schicksal angesehen werden, dem der Mensch willenlos ausgeliefert ist. Vielmehr sollte er in allen Begebenheiten das Potenzial zur Weiterentwicklung sehen. Stichworte wie „Krankheit als Weg" und „Krise als Chance" geben diese Gedanken wieder.
Sind Sie neugierig geworden? Dann freuen wir uns sehr, Sie am Wochenende an unserem Stand in Halle 1 begrüßen und ausführlich beraten zu dürfen!

	positiv	kritisch
a) ... es anscheinend immer noch nicht bei den Astrologen angekommen ist, dass mithilfe der Astronomie ein dreizehntes Sternzeichen entdeckt wurde. Das jedoch findet keinerlei Beachtung. Wie soll man also die Deutungen verstehen?	☐	☐
b) ... hat es mich wirklich überrascht, wie ein Mensch, den ich noch nie in meinem Leben gesehen hatte, so private Details über mich und mein Leben, auch über mein Verhältnis zu meinen Eltern wissen konnte. Als ich ihn um weitere Erklärungen bat, ...	☐	☐
c) ... schon lange damit auseinander. Meiner Erfahrung nach sind Erkenntnisse bereits im Unterbewusstsein da, und durch eine astrologische Beratung gelingt es einem, darüber zu sprechen. Die Bilder, die bestimmte Vorgänge und Fakten, aber auch Gefühle und Emotionen gut visualisieren, helfen einem dabei.	☐	☐
d) ... in einer Zeit, in der Geburten vom Einsatzplan der Ärzte bestimmt und entsprechend verschoben oder eingeleitet werden? Welche Rolle sollen dabei die Sterne spielen? Und bei einem Blick in den Himmel stellt man fest, dass kein Sternzeichen exakt 30 Grad misst, sie sind ...	☐	☐

3. Licht- und Energiearbeit

Wir erwarten Sie!

Wenn Sie sich unserem Stand in Halle 3 nähern, werden wir spüren, dass Sie kommen. Weshalb? Ihre Aura verrät Sie. Mit unserer jahrzehntelangen Erfahrung in Licht- und Energiearbeit sind wir fähig geworden, die Aura eines Menschen zu sehen. Sie kann gesund und kräftig sein, wenn Körper und Geist nicht belastet sind, strahlend und voller Farben. Sie kann aber auch voller Löcher und unregelmäßiger Strukturen, nur schwach leuchtend oder kaum sichtbar sein, wenn ein Mensch körperlich oder psychisch Probleme hat. Hier können wir helfen.

Unsere in Reiki geschulten Mitarbeiter/-innen können Ihre Energie wieder zum Fließen bringen, indem sie an wichtigen Körperpunkten ihre Hände auflegen. Doch auch Meditation unter Anleitung, die Ihnen hilft, sich auf Ihre Körpermitte zu konzentrieren, regeneriert den Energiefluss.

Nicht zuletzt stehen Ihnen, im Alltag und von den meisten Menschen unbemerkt, hilfreiche Engel zur Seite. Wir sehen es als unsere Aufgabe, Sie durch Gebete in Kontakt mit diesen Wesen zu bringen und deren Kraft für Sie nutzbar zu machen. Die unterschiedlichen Engel stehen für Ihre Fähigkeiten und Talente. Lassen Sie zu, dass Sie von ihnen unterstützt werden!

Wir sind bereit. Sind Sie es auch? Dann kommen Sie zu unserem Stand in Halle 3 ...

	positiv	kritisch
a) ... und tatsächlich habe ich sie gesehen. Ein schwaches Leuchten, das eine wohltuende Wärme ausströmte, konnte ich wahrnehmen und ich spürte mit einem Mal, wie mich Energie erfüllte. Das hätte ich nie für möglich gehalten, wenn ...	☐	☐
b) ... denn wenn ein Mensch seine Hände auf einen legt, wird man natürlich Wärme und eine gewisse Energie spüren. Wenn nun noch Leichtgläubigkeit und eine gewisse Naivität dazukommen, ist der Behandlungstermin schon reserviert oder der nächste Kurs gebucht.	☐	☐

positiv   kritisch

c) ... ich eine ungemein entspannende Wirkung erfahren. Ist es ☐ ☐
nicht allein schon heilsam, wenn sich ein anderer Mensch Zeit
nimmt und sich konzentriert um einen kümmert? Das ist
angenehm und hat sicherlich positive Konsequenzen für das
Wohlbefinden. Wenn aber Erwartungen geweckt werden, die
sich auf die Heilung von ernsten Krankheiten beziehen, und
deshalb womöglich andere Heilmethoden vernachlässigt
werden, ist diese Art der sogenannten Therapie nicht mehr
zu verantworten. Das muss einmal ...

d) ... es vielleicht einfach eine Offenheit ist, die man sich trauen ☐ ☐
sollte. Als ich mich im Wald verlaufen hatte und, anstatt
panisch zu reagieren, zu meinem Schutzengel betete, fand
ich wie von selbst wieder den richtigen Weg. Das war ein
Zeichen für mich, auch in anderen Lebenssituationen ...

1 b) Auf den Websites der Aussteller der Esoterikmesse kann man sich für Kurse anmelden. Einige Interessenten möchten vor der Anmeldung per Mail noch verschiedene inhaltliche und organisatorische Fragen klären. Schreiben Sie die E-Mails dieser Interessenten und orientieren Sie sich dabei an den vorgegebenen Stichworten.

1. Anmeldung zum Kurs „Tarotkarten richtig deuten"

Sehr geehrte Damen und Herren,

~~haben • großes Interesse • Kurs „Tarotkarten richtig deuten"~~

ich habe großes Interesse an dem Kurs „Tarotkarten richtig deuten".

vorab • haben • ein paar Fragen:

_____

_____

Legetechniken • erlernen • Interpretationsansatz • unterrichten?

_____

_____

_____

vielleicht • Literatur • nennen • mich • schon ein bisschen • Kurs • einstimmen?

_____

_____

_____

_____

denken • dass • ein Kurs • Kartenlegen • bereits gut lernen können • vermutlich • mehrere Kurse • besuchen müssen?

_____

_____

_____

_____

sein • eventuell auch möglich • Kursgebühr • zwei Raten • bezahlen?

_____

_____

Auf einmal • leider • nicht so viel Geld • Verfügung haben.

_____

_____

Herzlichen Dank • Voraus • Antwort!

_____

_____

Mit freundlichen Grüßen
Paul Müller

2. Anmeldung zum Kurs „Astrologie für Einsteiger"

Guten Abend,

bevor • endgültig • Astrologiekurs • anmelden • folgende Fragen • stellen mögen:

_____

_____

_____

wo • genaue Geburtszeit • erfahren können?

_____

_____

Aussage • meine Mutter • sehr ungenau • sein.

_____

_____

im Kurs • Methode der Berechnung • lernen • oder • Astrologieprogramm •
Computer • kaufen sollen?

_____

_____

_____

_____

jetzt schon • wissen • dass • leider • ein Abend • nicht teilnehmen können.

_____

_____

_____

> wie • erfahren können • was • machen • alles • nachlernen?

_____

_____

> vielen Dank • kurze Rückmeldung • viele Grüße

_____

_____

Marion Hagen

3. Anmeldung zum Workshop „Licht, Energie und die Kraft der Engel – eine Einführung"

Liebe Karla,

> gern • dein Workshop • anmelden mögen.

_____

_____

> vorher • noch • paar Fragen • stellen dürfen?

_____

_____

> momentan • schwierige Lebenssituation • sein.

_____

_____

dennoch • Sinn • machen • Energiearbeit • sich beschäftigen?

_____

_____

oder • denken • erst einmal • behandeln lassen sollen?

_____

_____

dieser Workshop • richtig meditieren • lernen?

_____

_____

nämlich • einige Male • erfolglos • versucht haben …

_____

_____

nach der Anmeldung • noch • Informationen • bekommen • welche Kleidung • am besten • sein • wo • übernachten können?

_____

_____

_____

vielen Dank • sich sehr freuen • Wochenende!

_____

_____

Annabel Lodenmeyer

F2 Auszeit im Kloster

**2 a) Lesen Sie die folgenden Absätze eines Artikels im Magazin „Reisetrends".
Welche Zusammenfassung passt zu welchem Absatz?**

1. Inzwischen weiß jeder, was unter „Digital Detox" und „Silent Retreat" zu verstehen
   ist. Ein Zeichen dafür, dass es normal geworden ist, den Wunsch zu empfinden,
   unserer lauten Welt mit ihrem Informationsüberfluss und der ständigen Kommunikation auf den verschiedensten Kanälen zu entfliehen. Yogaseminare, Wellnessoasen
   oder auch Selbsterfahrung mit Achtsamkeitstraining: All diese Formen des Rückzugs
   sollen die vielfältigen Anforderungen des modernen Lebens „ausschalten" und den
   Menschen ermöglichen, wieder in Kontakt mit sich selbst zu kommen.

2. Diese Seminare sind nicht billig, nicht jeder kann sie sich leisten. Das Bedürfnis
   nach Ruhe richtet sich aber nicht nach dem Einkommen. Was also tun?

3. Die Einsamkeit eines Klosters bietet in aller Einfachheit die Stille, nach der viele
   Menschen suchen. So hat sich inzwischen eine Art Klostertourismus entwickelt,
   der die Finanzen nicht allzu sehr belastet, obwohl es auch hier unterschiedliche
   Angebote gibt.

4. Anfangs seien es hauptsächlich Führungskräfte von großen Firmen gewesen,
   berichtet der Abt vom Kloster Niedertal, Oswald Steininger, die sich vor großen
   Aufgaben bewusst in die Einsamkeit zurückzogen. So hätten sie sich fern von
   jeder Ablenkung intensiv und konzentriert mit sich selbst, ihren Zielen und
   den Herausforderungen, die auf sie zukamen, auseinandersetzen können.

5. Inzwischen kämen jedoch viele Menschen aus allen Schichten und Berufen,
   die sich in schwierigen Lebenssituationen befinden oder vor wichtigen
   Entscheidungen stehen.

6. Der Reiseanbieter „Seelenheil" lässt die Suchenden nicht nur zwischen verschiedenen Ländern und Regionen wählen, sondern auch zwischen wirklich teuren Klosteraufenthalten und der Einkehr im Kloster nur gegen den Preis der Mithilfe. So gibt es die ganze Bandbreite: Man findet klösterliche Wellnesshotels, wo nur die kargen und kleinen Schlafräume an die ursprüngliche Bestimmung des Hauses erinnern und die Gäste ansonsten in ein umfassendes Programm der Kontemplation und Meditation eingebunden sind. Man findet aber auch Klöster, die ihre Gäste einladen, an ihrem täglichen Leben teilzunehmen. Das beginnt mit der morgendlichen Messe um 5 Uhr, beinhaltet die Erfüllung aller Aufgaben in Garten, Küche und Haus, lässt alle Mahlzeiten zu festen Zeiten und in Stille vor sich gehen und fordert in einigen Klöstern auch oft tagelanges Schweigen.

7. Häufig seien es Frauen, die sich von einem Schweigekloster nicht abschrecken ließen, weiß Bruder Bonifaz vom Kloster Epstein. Sie seien offener für eine Begegnung mit sich selbst und hätten weniger Angst vor Ruhe und Stille. Männer würden eine Auszeit bevorzugen, die mit körperlicher Bewegung verbunden ist. „Doch gerade Tage des Schweigens, der Gebete und der Meditation können viel in uns verändern, wenn wir einmal nicht jedes unangenehme Gefühl mit einer Aktivität vertreiben wollen", schildert der 45-jährige Mönch, der bereits seit seinem zwanzigsten Lebensjahr der Bruderschaft angehört.

8. Die junge Journalistin Heike M. ließ sich mit gemischten Gefühlen auf ein einwöchiges Experiment im Kloster Arlingen ein. Sie habe sich nicht für einen besonders religiösen und ganz sicher nicht für einen schweigsamen Menschen gehalten, gibt sie lächelnd zu. Anfangs sei sie völlig ratlos gewesen, was sie mit dieser erdrückenden Menge an Zeit machen solle, ohne Handy, ohne Internet, ohne Fernseher, ohne Freunde, Familie, Arbeitskollegen. Sogar vom Lesen sei ihr abgeraten worden.

9. Als wirklich angenehm habe sie es jedoch von Anfang an empfunden, die Mahlzeiten schweigend einzunehmen. „Sich nur auf das Essen zu konzentrieren, ohne gleichzeitig Konversation betreiben zu müssen, hatte eine ungemein entspannende Wirkung auf mich", erzählt sie. Schwierig seien jedoch die Nächte gewesen. Gedanken, Stress und sogar Panik seien hochgekommen und sie habe kaum geschlafen.

10. Während Heike M. sich auch durch Meditation nicht von ihrem Alltagsstress lösen konnte und nur auf ihren Spaziergängen in der Natur zu Ruhe und Ausgeglichen- heit fand, erlebte die Social-Media-Managerin Sandra V. die gemeinsamen Meditationszeiten in Kloster Altenbrunn als ungemein bereichernd. Die Wahr- nehmung der Stille habe etwas mit ihr gemacht, meint sie nachdenklich, etwas Gutes und Beruhigendes. Allerdings sei ihr das erst aufgefallen, als es vorbei war.

11. Übereinstimmend berichten alle, die diese Erfahrung einer Zeit in Schweigen und Stille gemacht haben, dass der Weg zurück in die laute Welt der pausenlosen Beschäftigung, der Alltagshektik und der dauernden Beschallung nicht leichtfällt. Was bleibt, ist eine erhöhte Aufmerksamkeit und Achtsamkeit sich selbst gegenüber. Und das Gefühl, wie es ist, sich mit nur einer einzigen Sache zu beschäftigen.

a) Essen ohne Small Talk kann sehr erholsam sein, allerdings haben manche große Probleme mit dem Schlafen.

b) Es werden viele Seminare angeboten, die aber oft sehr teuer sind.

c) Heute kann sich jeder in ein Kloster zurückziehen, für den eine Auszeit wichtig ist.

d) Die Erfahrung, so viel Zeit zu haben und sich nicht ablenken zu können, ist sehr schwierig.

e) Keinem der Besucher eines Schweigeklosters ist die Rückkehr in den Trubel des alltäglichen Lebens leichtgefallen.

f) Frauen haben oft weniger Probleme als Männer, sich auf eine Zeit in einem Schweigekloster einzulassen, da Männer eher durch Bewegung versuchen, ihr Gleichgewicht wiederzufinden.

g) Eine Zeit im Kloster zu verbringen, auch ohne religiöse Gründe zu haben, wurde anfänglich nur von Managern genutzt.

h) Viele Menschen fühlen sich von der Lautstärke und den Anforderungen des modernen Lebens überfordert und wollen diesem Leben eine Zeit lang entfliehen, um wieder zu sich selbst zu finden.

i) Es gibt Angebote für alle Wünsche und Bedürfnisse. Man kann viel bezahlen und bekommt dazu ein ganzes Erholungsprogramm für die Seele, man kann aber auch wenig oder nichts bezahlen und verbringt mit den Mönchen oder Nonnen ihren Alltag.

j) Für manche ist ein Aufenthalt in der Natur hilfreicher, für andere gemeinsames Meditieren.

k) Immer mehr Menschen finden diese Ruhe in einem Klosteraufenthalt, was auch preiswerter ist als die bereits genannten Seminarangebote.

1.	2.	3.	4.	5.	6.	7.	8.	9.	10.	11.
h										

2 b) Welche Satzteile passen zusammen? Verbinden Sie.

1. All diese Formen des Rückzugs sollen den Menschen ermöglichen,

2. Die Einsamkeit eines Klosters bietet die Stille,

3. Der „Klostertourismus" belastet die Finanzen nicht allzu sehr,

4. Anfangs seien es hauptsächlich Führungskräfte von großen Firmen gewesen,

5. Inzwischen kommen viele Menschen,

6. Der Reiseanbieter „Seelenheil" lässt die Suchenden nicht nur wählen zwischen verschiedenen Ländern und Regionen,

7. Tage des Schweigens können viel in uns verändern,

8. Anfangs sei sie völlig ratlos gewesen,

9. Es war sehr entspannend, sich nur auf das Essen zu konzentrieren,

10. Während Heike nur in der Natur zu Ruhe und Ausgeglichenheit fand,

11. Das ist ihr allerdings erst aufgefallen,

12. Übereinstimmend berichten alle,

13. Was bleibt,

14. Und das Gefühl,

a) die sich vor großen Aufgaben bewusst in die Einsamkeit zurückzogen.

b) wieder in Kontakt mit sich selbst zu kommen.

c) wie es ist, sich nur mit einer einzigen Sache zu beschäftigen.

d) die sich in schwierigen Lebenssituationen befinden oder vor wichtigen Entscheidungen stehen.

e) erlebte Sandra die gemeinsamen Meditationszeiten als ungemein bereichernd.

f) nach der viele Menschen suchen.

g) dass der Weg zurück in die laute Welt nicht leichtfällt.

h) wenn wir einmal nicht jedes unangenehme Gefühl mit einer Aktivität vertreiben wollen.

i) ohne gleichzeitig Konversation betreiben zu müssen.

j) sondern auch zwischen wirklich teuren Klosteraufenthalten und der Einkehr im Kloster nur gegen den Preis der Mithilfe.

k) obwohl es auch hier unterschiedliche Angebote gibt.

l) als es vorbei war.

m) ist eine erhöhte Aufmerksamkeit sich selbst gegenüber.

n) was sie mit der erdrückenden Menge an Zeit machen solle.

1.	2.	3.	4.	5.	6.	7.	8.	9.	10.	11.	12.	13.	14.
b													

2 c) Antworten Sie auf die Fragen und orientieren Sie sich am Text.

1. Warum weiß heute fast jeder, was unter „Silent Retreat" zu verstehen ist?

Weil es normal geworden ist, den Wunsch zu empfinden, unserer lauten Welt

mit ihrem Informationsüberfluss und der ständigen Kommunikation auf den

verschiedensten Kanälen zu entfliehen.

2. Was soll der Rückzug bewirken?

_____

_____

_____

_____

3. Ist der neue Klostertourismus teuer?

_____

_____

_____

4. Wer hat damit angefangen, sich eine Zeit lang ins Kloster zurückzuziehen?

_____

_____

5. Wann gehen Menschen für eine begrenzte Zeit ins Kloster?

_____

_____

_____

6. Was müssen die Gäste machen, wenn sie am alltäglichen Leben der Mönche oder Nonnen teilhaben wollen?

_____

_____

_____

_____

_____

_____

_____

7. Sind eher Frauen oder eher Männer dazu bereit, sich auf eine Zeit in einem Schweigekloster einzulassen?

_____

_____

_____

_____

_____

8. Wann können Tage des Schweigens viel bei uns verändern?

_____

_____

_____

9. Was war für Heike M. anfangs am schwierigsten?

_____

_____

_____

_____

_____

10. Was fand sie von Anfang an sehr entspannend?

_____

_____

_____

_____

11. Warum sind die Nächte schwierig gewesen?

_____

_____

_____

12. Wo fand sie Ruhe und Ausgeglichenheit?

_____

13. Was fiel allen Menschen, die in einem Schweigekloster waren, nicht leicht?

_____

_____

_____

14. Was bleibt von so einer Zeit übrig?

_____

_____

_____

_____

F3 Religion heute

**3 a) Lesen Sie einen Ausschnitt aus dem Interview der Zeitschrift „Lichtblick"
mit dem Philosophen Rüdiger Balduin zum Thema „Religion in der modernen
Gesellschaft". Ordnen Sie den Antworten die passenden Fragen zu.**

Der Philosoph Rüdiger Balduin, der sich schwerpunktmäßig mit den Religionen der Welt
auseinandersetzt, ist aktuell ein gefragter Interviewpartner. „Lichtblick" ist es dennoch
gelungen, ihn für ein Gespräch zu gewinnen.

Lichtblick   1. | c | *Herr Balduin, könnten Sie uns denn eingangs eine Zahl*

nennen, wie viele Menschen weltweit überhaupt einer

Religionsgemeinschaft angehören?

Balduin: Die letzte exakte Untersuchung ist nicht ganz aktuell, spiegelt aber nach
wie vor zuverlässig die Verhältnisse der Religionen zueinander wider.
Demnach sind es fast sechs Milliarden der über sieben Milliarden Menschen
weltweit, die einer Religionsgemeinschaft angehören, also 84 Prozent der
Weltbevölkerung.

Lichtblick: 2. | | _____

_____

_____

Balduin: Die kleinste Gruppe mit nur noch 0,2 Prozent bekennt sich zum Judentum, dann folgt der Buddhismus mit sieben Prozent, der Hinduismus mit 15 Prozent und die beiden größten Gruppen sind der Islam und das Christentum, Letzteres mit 32 Prozent und der Islam mit 23 Prozent. Neuesten Untersuchungen zufolge ist die Zahl der Anhänger des Islam allerdings steigend. Die restlichen Prozente verteilen sich auf sehr kleine Religionsgemeinschaften, meist „Splittergruppen" der Hauptreligionen.

Lichtblick: 3. [ ] _____

_____

_____

Balduin: Ja, interessanterweise befinden sich tatsächlich jeweils 99 Prozent der Hindus und der Buddhisten im asiatisch-pazifischen Raum, ebenso wie 62 Prozent der Muslime. Am weitesten gestreut in der globalen Verbreitung ist das Christentum, mit den Schwerpunkten Europa, Amerika und südliches Afrika.

Lichtblick: 4. [ ] _____

_____

_____

Balduin: Man schätzt, dass es weltweit 1,1 Milliarden Atheisten gibt, der Großteil davon in Asien, speziell in China. Aber auch in Europa leben etwa 135 Millionen Menschen, die sich zumindest keiner Religionsgemeinschaft zugehörig fühlen. Allerdings gibt es auch Umfragen, die zeigen, dass ein großer Teil dieser Menschen dennoch an einen Gott oder zumindest eine höhere Macht glaubt, auch wenn sie sich nicht mit einer Kirche oder einer Glaubensgemeinschaft identifizieren können.

Lichtblick: 5. [ ] _____

_____

_____

Balduin: Richtig, das ist ein Prozess, der sich über die letzten 50 Jahre beobachten lässt. Die Kritik an den von den Kritikern oft als autoritär und zu stark finanziell orientiert angesehenen Kirchen hat dazu geführt, dass viele Menschen heutzutage ihre spirituelle Ausrichtung selbst wählen. Es gibt hier eine große Bandbreite an alternativen Glaubensrichtungen.

Lichtblick: 6. ☐ _____

_____

Balduin: „Glauben" ist in erster Linie eine Vermutung, die nicht bewiesen werden kann. Insofern beinhaltet der religiöse, oder sagen wir besser spirituelle Glaube auch immer den Willen, glauben zu wollen. Jeder Mensch versucht für sich zu definieren, wo sein Platz in der Welt ist und in welchem Verhältnis er zu höheren Mächten oder dem Sein an sich steht. Das kann durchaus auch die Annahme des Atheisten sein, der überzeugt davon ist, dass es nach dem Tod nichts mehr gibt und sich alles auf rein biologisch-chemische Prozesse gründet. Das ist so gesehen auch ein Glaube!

Lichtblick: 7. ☐ _____

_____

_____

_____

_____

_____

_____

Balduin: Das klingt paradox, ist aber nicht von der Hand zu weisen. Denn was alle Gläubigen verbindet, ist die Hoffnung auf eine ideale Ordnung und das Gefühl der Zugehörigkeit und engen Verbundenheit zu einer Gemeinschaft. Dieses Bedürfnis kann in der heutigen Gesellschaft von den kapitalistischen Kräften der Wirtschaft oder auch von einem Fußballverein erfüllt werden.

Lichtblick: 8. ☐ _____

_____

Balduin: Durchaus. Viele Kirchen wären glücklich, könnten sie ganze Stadien mit gemeinsam singenden und betenden Menschen füllen ...

Lichtblick: 9. ☐ _____

_____

_____

_____

_____

_____

Balduin: Diese Aufgaben sind bereits seit der Säkularisierung zunehmend auf den Staat übergegangen und werden heute weitgehend vom Sozialstaat erfüllt. Viele Menschen wählen auch lieber selbstständig eine Hilfsorganisation, die sie durch Spenden unterstützen, als regelmäßig Kirchensteuer zu bezahlen, deren Verwendung sie nicht kontrollieren oder beeinflussen können.

a) Gibt es auch Tendenzen, in welchen Regionen der Welt welche Religionen überwiegen?

b) Wie würden Sie „Glauben" definieren?

c) Herr Balduin, könnten Sie uns denn eingangs eine Zahl nennen, wie viele Menschen weltweit überhaupt einer Religionsgemeinschaft angehören?

d) Kann man sagen, dass besonders in Europa die Kirchen mehr und mehr an Einfluss verlieren?

e) Wie sieht denn die Verteilung auf die verschiedenen Religionsgruppen aus?

f) Was halten Sie von der häufig geäußerten Kritik am modernen Menschen, besonders in den westlichen Industrienationen, er würde die Aktienkurse besser als die Bibel kennen und die Bank wäre seine Kirche?

g) Habe ich Sie gerade richtig verstanden?

h) Gibt es auch Zahlen darüber, wie viele Menschen keiner Religionsgruppe angehören?

i) Das Gemeinschaftsgefühl bringt mich auf einen weiteren Gedanken. Religionen hatten und haben eine ganz wesentliche soziale Aufgabe. Wer kann die erfüllen, wenn gerade in Europa die Kirchen immer mehr Mitglieder verlieren?

1.	2.	3.	4.	5.	6.	7.	8.	9.
C								

3 b) Kreuzen Sie an: Was ist richtig, was ist falsch?

	richtig	falsch
1. Das Verhältnis der Religionen zueinander ist korrekt und zuverlässig.	☐	☒
2. Sechs Milliarden Menschen sind etwa 84 Prozent der Weltbevölkerung.	☐	☐
3. Im weltweiten Vergleich der Religionen hängt heute nur ein verschwindend geringer Teil dem Judentum an.	☐	☐
4. Die meisten Muslime gibt es in Afrika, während sich die Christen auf Europa konzentrieren.	☐	☐
5. Es gibt in China 135 Millionen Menschen, die nicht an Gott glauben.	☐	☐
6. Auch bei den Atheisten gibt es Menschen, die zwar zu keiner Kirche gehören, aber dennoch an eine höhere Kraft glauben.	☐	☐
7. Vor 50 Jahren war die Kirche in Europa zu autoritär und geldgierig.	☐	☐
8. Heute gibt es für die Menschen eher die Möglichkeit, frei ihre spirituelle Ausrichtung zu wählen als früher.	☐	☐
9. Es gehört zum Menschen, dass er danach sucht, wie er in der Welt positioniert ist.	☐	☐
10. Ein Atheist ist auf seine Art auch ein gläubiger Mensch, wenn er nur an das Leben im Diesseits glaubt.	☐	☐
11. Alle Menschen der westlichen Industrienationen finden ihre ideale Ordnung in der Wirtschaft.	☐	☐
12. Ein Fußballverein ist die Kirche von heute, weil dort die Leute singen und beten.	☐	☐
13. Niemand erfüllt mehr die sozialen Aufgaben in der Gesellschaft, wenn die Kirchen nicht mehr genug Mitglieder haben.	☐	☐
14. Statt der Kirchensteuer bezahlen viele Leute lieber Spenden an Wohltätigkeitsorganisationen, weil sie da wissen, wofür das Geld verwendet wird.	☐	☐

Lösungen

A Urlaub, mal anders

A1

A1b) richtig: 2.

A1c) richtig: 2., 3., 6., 9., 11., 12., 14., 15.
falsch: 4., 5., 7., 8., 10., 13.

A1d) 1. Travelguy: Hallo Fernweh, <u>tatsächlich</u> fühlte ich mich durch deinen Blog an die Sommerferien in meiner Kindheit erinnert. <u>Allerdings</u> war mir damals wirklich unendlich langweilig. Ich musste <u>nämlich</u> immer meiner Oma bei der Gartenarbeit helfen, Steine aus den Beeten sammeln und Unkraut jäten. <u>Dabei</u> war es entweder zu heiß oder es hat geregnet, und <u>wenn</u> ich mich beklagte, bekam ich zu hören: „Du bist <u>doch</u> nicht aus Zucker!"
2. Weltreisende: Liebe Fernweh, das war ja <u>wohl</u> ein langer Ausflug in die Romantik! Glaubst du <u>nicht</u>, dass du auch auf einer thailändischen Insel auf <u>solch</u> einen Selbsterfahrungstrip gehen kannst? Dann wäre es <u>wenigstens</u> ein bisschen interessanter. Und Kindheitserinnerungen in dieser Art habe ich auch <u>keine</u>, denn meine Großeltern wohnten <u>mitten</u> in der Stadt. Schreib das nächste Mal bitte <u>wieder</u> einen Blog, wie du es <u>bisher</u> getan hast!
3. Tipiti: <u>Gratuliere</u> zu diesem wunderbaren Blog! Und zu deinem Mut, dich auf so eine Zeit <u>einzulassen</u>! Beim Lesen bin ich wirklich ins Träumen <u>geraten</u>, denn eigentlich <u>wünsche</u> ich mir schon lange, mich auch mal wieder aus dem Event-tourismus <u>herauszunehmen</u> und im Sommer einfach nichts zu tun, außer ein friedliches Plätzchen auf dem Land <u>aufzusuchen</u>. Schön, wenn du dich an solche Ferien <u>erinnern</u> kannst, denn meine Eltern sind mit mir jedes Jahr irgendwohin in den Süden <u>gefahren</u>. Wir <u>standen</u> stundenlang im Stau, und ich habe das als Kind <u>gehasst</u>!
4. Globetrotter: Beeren sammeln im <u>Wald</u> – zerkratzte <u>Beine</u> von den Dornen –
<u>Mückenstiche</u> an den Armen – auf der <u>Luftmatratze</u> liegen und sich auf dem <u>See</u> treiben lassen – am Abend der Woll-pullover auf der vom <u>Sonnenbrand</u> heißen Haut – auf einer Wiese einen <u>Hügel</u> hinunterrollen, bis es überall juckt – bei offenem <u>Fenster</u> auf dem Bett liegen und lesen, während draußen der <u>Regen</u> rauscht – und so weiter! Du siehst, ich kann mithalten! Vielen Dank für die kleine Reise in die <u>Vergangenheit</u>.

A2

A2a) 2. a 3. f 4. d 5. e 6. c

A2b) 2. richtig: alle Personen, die zu einer königlichen Familie gehören
3. richtig: ein Schloss, das so aussieht, wie es in Märchen beschrieben wird
4. richtig: die Seite eines Berges, die nur aus Felsen besteht
5. richtig: ein Mann, der die katholische Kirche erneuerte und veränderte, mit der Folge, dass sich die christliche Kirche in Katholiken und Protestanten teilte
6. richtig: der wichtigste und größte Teil einer Burganlage
7. richtig: viele Touristen, die wie ein großer Fluss in das Schloss strömen
8. richtig: ein Schloss, das von einem Wassergraben oder einem See umgeben und somit durch Wasser geschützt ist
9. richtig: ein genau nach Plan geformter großer Garten oder Park
10. richtig: eine durchgehende Vertiefung in der Erde um eine Burg herum, damit Feinde die Burg nicht leicht erreichen können
11. richtig: eine Brücke über einem Wasser-graben, die man hochziehen kann, damit niemand darübergehen kann

A2c) 2. i)/f) 3. a) 4. d) 5. – 6. b) 7. h)
8. – 9. g) 10. e)

A2d) B. 9. C. 1. D. 7. E. 2. F. 8. G. 4.
H. 10. I. 6. J. 3.

A2e) 2. Ein tiefer Burggraben machte <u>die Annäherung von Feinden zusätzlich schwerer/schwieriger.</u>

3. Für einen Burgherrn war die Versorgung seiner Familie und aller Burgbewohner die wichtigste Aufgabe.
4. Hauptsächlich ernährten sich die Menschen von Getreide.
5. So, wie die Sonne den Ablauf des Tages beherrschte, wurde der Jahresablauf von den Jahreszeiten geregelt.
6. Im Winter war die Kälte in den meisten Räumen wirklich unerträglich.
7. Das Vorrecht auf ein warmes Bad hatte allein der Burgherr.
8. Folglich waren Läuse sehr verbreitet und ihre Bekämpfung war nur möglich durch mehrmals tägliches Kämmen der Haare.
9. Auch der Kampf gegen Mäuse und Ratten hatte wenig Erfolg.
10. Bei Besuch anderer Adeliger, der Veranstaltung von Turnieren oder Hochzeiten, gab es ein Fest, oft sogar über mehrere Tage.
11. Es war ein hartes Leben, das unsere Vorfahren führten, und mit viel weniger Romantik als in so manchen Filmen!

A3

A3a) 1. erkundigt   2. berichtet   3. Abenteuern   4. abseits   5. erlebten   6. Erzählungen   7. begeben.   8. zufolge   9. durchschnittlich   10. Tendenz   11. bescheinigt   12. Anschläge   13. steigenden   14. geringen   15. fehlenden   16. auffällig   17. gut verdienenden   18. wachsende   19. Reiseveranstaltern   20. anbelangt   21. Spitze   22. Schwankungen   23. vorn   24. Hauptrolle   25. bevorzugten   26. weist ... hin   27. Verschiebungen   28. Prozentsatz   29. Kurs   30. gilt   31. darstellen   32. ausgegeben   33. Geister   34. Hauptsache   35. egal   36. Wahl   37. Vergleich   38. zum Trotz   39. Anteil   40. Billiganbieter   41. angesteuert   42. heutzutage

A3b) 2. richtig: Jeder Deutsche verbringt im Schnitt jährlich fast zwei Wochen als Tourist.
3. richtig: Die Deutschen reisen weiterhin gern, obwohl die Sicherheit auf Reisen nicht immer gegeben ist.
4. richtig: Die gute finanzielle Lage der meisten Deutschen ist der Grund für ihre Lust auf Reisen.
5. richtig: Das Internet spielt bei der Planung von Reisen eine wichtige Rolle.
6. richtig: Die meisten Reisen der Deutschen gehen ins Ausland.
7. richtig: Bei unsicherer politischer Lage verändern sich die Reiseziele nur wenig.
8. richtig: Die meisten Auslandsreisen der Deutschen gehen in europäisches Umland.
9. richtig: Der Urlaub ist vielen Deutschen so wichtig, dass sie dafür von ihrem Jahreseinkommen am meisten ausgeben.
10. richtig: Manche Deutschen wollen einen besonders preiswerten Urlaub machen, wobei die Wahl des Ortes keine Rolle spielt, für andere wiederum ist unwichtig, wie viel Geld sie ausgeben.
11. richtig: Leider gibt es immer mehr Urlauber, die mit dem Flugzeug reisen, obwohl es so schlecht für die Umwelt ist.
12. richtig: Es gibt sehr billige Fluggesellschaften, was Flugreisen für viele Menschen attraktiv macht.
13. richtig: Schon um 1800 sind die Menschen auf Reisen gegangen, allerdings sind sie zu dieser Zeit hauptsächlich gewandert.

B   Sprache und Literatur

B1

B1a) 2. treu sein, solidarisch sein, jemanden auch in schlechten Zeiten nicht verlassen
3. jemanden ganz weit weg wünschen
4. eine Idee von jemand anderem imitieren, etwas nachahmen
5. sich mutig für etwas einsetzen, engagieren, gegen eine Ungerechtigkeit kämpfen
6. verlieren, Pech haben, benachteiligt werden
7. jemand hat endlich etwas verstanden
8. allmählich die Hoffnung oder den Mut verlieren, seine Interessen gefährdet sehen

B1b) 2. sah ich meine Felle weiter
davonschwimmen.
3. der mit einem durch dick und dünn geht.
4. abzuwarten und Tee zu trinken!
5. auf die Barrikaden zu gehen!
6. als Trittbrettfahrer
7. er soll bleiben, wo der Pfeffer wächst!
8. den Kürzeren gezogen ...

B1c) richtig: 3.

B2

B2a) 2. d) 3. h) 4. j) 5. b) 6. g) 7. i)
8. a) 9. e) 10. c)

B2b) *Lösungsmöglichkeiten:*
1. b) c) a) e) d)
2. c) f) a) h) e)
   b) i) d) g)
3. b) e) a) g) d)
   f) c)
4. g) d) b) h) e)
   i) j) a) c) f)

B3

B3a) 2. f) 3. e) 4. b) 5. a) 6. d)

B3b) 1. Als|der|erfolgreiche|und|smarte|
Patentanwalt|Phil|nachts|leicht|
angetrunken|nach|Hause|kommt|
und|sein|Gartentor|öffnen|will,|
wird|er|Zeuge|eines|Vorfalls,|der|
sein|ganzes|Leben|verändern|wird.|
Die|steile|Karriere,|die|hübsche,|
als|Model|erfolgreiche|Freundin,|
die|Leidenschaft,|Oldtimer|zu|
sammeln,|das|reiche|Elternhaus –|
diese|scheinbar|makellose|Fassade|
seines|Lebens|wird|brüchig|und|
immer|tiefer|verstrickt|sich|Phil|
in|eine|Entwicklung,|deren|Ende|
nicht|abzusehen|ist.|Wo|hat|es|
begonnen?|Nicht|erst|in|der|
Nacht|am|Gartentor ...|Vor|dem|
inneren|Auge|des|Lesers|öffnen|
sich|Abgründe,|die|plötzlich|jede|
Sicherheit|im|Leben|fast|unmöglich|
erscheinen|lassen.|Wo|ist|der|
Wendepunkt?|Was|steht|hinter|
scheinbar|harmlosen|Begebenheiten?|
Atemberaubende|Spannung|lässt|

den|Leser|bis|zur|letzten|Seite|
nicht|los.|Lance|Wicked,|dem|
erfahrenen|Journalisten|des|
Magazins|„Clash",|ist|ein|
psychologisch|tiefgründiges,|durch|
das|rasche|Erzähltempo|aber|
niemals|langatmiges|Porträt|
unserer|Gesellschaft|gelungen.

2. Was|machen|traumatische |Kriegs-
erlebnisse|mit|der|Seele|eines|
Menschen?|Wie|sind|die|Auswir-
kungen|auf|die|Familien|noch|
nach|zwei|Generationen|zu|
spüren?|Über|Jahre|hat|Gerda|
Bodmer|Interviews|mit|Menschen|
geführt,|die,|aktiv|oder|passiv,|in|
ein|Kriegsgeschehen|involviert|
waren,|oder|die|durch|die|
Erlebnisse|ihrer|Eltern|geprägt|
wurden.|Über|nationale|Grenzen|
hinweg|ist|es|ihr|gelungen,|die|
seelischen|Wunden|aufzuzeigen,|
die|Gewalt,|Willkür|und|stete|
Bedrohung|des|Lebens|hinterlassen.|
Dabei|hat|sie|sich|nicht|gescheut,|
auch|die|Problematik|von|Täter-
biographien|zu|untersuchen.|Der|
Historikerin|und|Psychologin|Gerda|
Bodmer|ist|mit|„Krieg"|ein|
einzigartiges|Werk|gelungen.|Es|
ist|geeignet,|Sprachlosigkeit|zu|
beenden,|Verständnis|zu|fördern|
und|vielleicht|sogar|einen|Weg|
zu|gegenseitigem|Verzeihen|
aufzuzeigen.

C Gesellschaft und Soziales

C1

C1a) 1. Erwartungen
1. gewinnen 2. erleben 3. beschäftige
4. betreuen 5. beteiligen 6. unterstützt
7. zurechtzukommen 8. integrieren
9. anerkannt 10. behandeln.
2. Vorstellung des Kindergartens
1. Ganztagsbetreuung 2. Empfangszeit
3. Frühschicht 4. Abholzeit 5. Gruppen
6. Frühförderung 7. Bewältigung
8. Bewegung 9. Vorschulprogramm

3. Pädagogisch-methodisches Konzept
   1. Selbstbewusstsein 2. Tätigkeiten
   3. Unterstützung 4. Diensten
   5. abräumen 6. kompromissbereit
   7. erreichen 8. eigenständig
   9. entwickeln 10. Verantwortung
   11. Gelegenheit 12. ausdauernd
   13. verloren 14. Fähigkeiten
   15. zunehmende
4. Tagesablauf
   1. Möglichkeit 2. Herzen 3. innerlich
   4. abbauen 5. decken 6. Kissen
   7. vorgelesen 8. verteilen 9. gewidmet
   10. verbunden 11. Verfügung
   12. Einrichtungen 13. Jahreszeit
   14. Ruhezeit 15. verbracht
5. Persönliche Schlussbetrachtung
   1. schwergefallen 2. Abschied
   3. erfüllt 4. Wirklichkeit 5. unterstützt
   6. angenommen/akzeptiert
   7. akzeptiert/angenommen 8. Beobachtung 9. bestätigt 10. Laufbahn

C1b)
2. Ganztagsbetreuung mit Früh- und Spätschicht; Frühförderung; Vorschulprogramm
3. 2 Jahre
4. Verrichtung alltäglicher Tätigkeiten allein (Jacke anziehen, Schuhe binden, essen ohne Unterstützung); Einteilung zu Diensten (Tisch decken und abräumen, Getränke eingießen)
5. Freundlicher und kompromissbereiter Umgang miteinander; Treffen eigenständiger Entscheidungen; Entwicklung eigener kreativer Ideen; Übernahme von Verantwortung
6. Ausdauer, Konzentration, Frustrationstoleranz
7. Im Sitzkreis am Morgen
8. Innerlich im Kindergarten ankommen; Abbau von Spannungen
9. Die Kinder wählen ihre Beschäftigung je nach Interesse (gemeinsames Bauen; Bilderbücher anschauen oder vorlesen; Malen; Gesellschaftsspiele etc.)
10. Ausflug in den Wald, Musiktag, Tag für Ausflüge, jahreszeitliche Projekte
11. Erholung vom hohen Lärmpegel; Verarbeitung der Eindrücke
12. Unterstützung durch die Erzieherinnen; Akzeptanz durch die Kinder

C1c)
1. Das Praktikum sollte mir helfen, *mehr Klarheit über meine Berufswünsche zu gewinnen und mich selbst im täglichen Umgang mit kleinen Kindern zu erleben.*
2. Ich erhoffte mir, *mich aktiv an der Betreuung der Kinder beteiligen zu dürfen, unterstützt von den erfahrenen Erzieherinnen.*
3. Bis zur offiziellen Empfangszeit werden diejenigen Kinder, *die früher gebracht werden müssen, von einer Erzieherin in einer Frühschicht gruppenübergreifend betreut.*
4. Das Ziel der erzieherischen Arbeit im Kinderhaus ist es, *die Selbstständigkeit und damit auch das Selbstbewusstsein der Kinder zu fördern.*
5. Im Kinderhaus finden sich Kinder verschiedenster Nationalitäten, *was den Kindern Gelegenheit bietet, sich in Akzeptanz und Toleranz gegenüber anderen Kulturen zu üben.*
6. Bei Gesellschaftsspielen können die Kinder nicht nur lernen, *sich über längere Phasen hin ausdauernd und konzentriert mit einer Sache zu beschäftigen, sondern auch Frustrationstoleranz zu entwickeln, wenn sie verlieren.*
7. Der Sitzkreis bietet die Möglichkeit, *dass die Kinder etwas erzählen, was sie auf dem Herzen haben.*
8. Diese Zeit ist wichtig, *damit die Kinder nicht durch den ständig hohen Lärmpegel überanstrengt werden und die vielen Eindrücke verarbeiten können.*
9. Am Nachmittag haben die Kinder eine weitere Phase des Freispielens im Spielzimmer, *bis sie nach und nach abgeholt werden.*
10. Abschied zu nehmen vom Kinderhaus ist mir schwergefallen, *denn ich habe mich dort sehr wohlgefühlt.*
11. Das Praktikum hat mich darin bestätigt, *dass ich meine berufliche Laufbahn mit einer Ausbildung zur Erzieherin beginnen möchte.*

C2

C2a) 2. f) 3. g) 4. k) 5. a) 6. e) 7. l)
8. j) 9. h) 10. d) 11. b) 12. i)

C2b)
2. Aufnahme eines Außenstehenden durch bestimmte Rituale in eine Gemeinschaft; Änderung seines Status
3. Aufgeben der Bindung an das bisherige Leben; Unterwerfung unter die Regeln der neuen Gemeinschaft
4. Trennung von der Familie und den Freunden; Aufenthalt allein in der Wildnis
5. Erfahrung, nicht beschützt zu werden und ganz auf sich allein gestellt zu sein; Eigenverantwortung für ihr Überleben
6. Wissen den Wert des sozialen Zusammenlebens / die Gemeinschaft zu schätzen; sie erfahren Respekt von der Gesellschaft und Anerkennung als vollwertige Erwachsene
7. Zeit der extremen Verunsicherung; Konfrontation mit Ängsten und Hoffnungen; Erkennen der eigenen Grenzen und Fähigkeiten
8. „Adoleszenzkrise"; große Unsicherheit in dieser Phase
9. Unkritische Anpassung; unkritische Ablehnung aller Regeln und Wertesysteme; Versuch, eigene Rolle zu finden / eigenen Weg zu gehen
10. Bewusste Distanzierung von bisheriger sozialer Eingliederung; Suche nach alternativen Sozialisationsformen; Erfahrung der eigenen Grenzen; Versuch, eigene Wertmaßstäbe und selbstbestimmtes Leben zu finden
11. Erfahrene Pädagogen, Vorbilder und Mentoren; reif und verantwortungsvoll
12. Das Fehlen eines bewussten Übergangsrituals

C3

C3a)
2. h) 3. l) 4. a) 5. g) 6. m) 7. e)
8. n) 9. f) 10. b) 11. i) 12. k) 13. c)
14. j)

C3b)
2. richtig
3. falsch: Wenn die Mitglieder in der Hierarchie aufsteigen, wird ihnen immer mehr vom geheimen Wissen mitgeteilt.
4. richtig
5. richtig
6. falsch: Geheimbünde entstehen oft in politisch, wirtschaftlich oder sozial instabilen Zeiten. Feste Regeln und

Rituale sichern ihren Zusammenhalt nach außen hin ab.
7. falsch: Andere Menschen misstrauen den Geheimbünden, weil diese Einfluss auf die Gesellschaft nehmen oder auch etwas verändern wollen.
8. richtig
9. falsch: Geheimbünde muss man abgrenzen gegenüber Religionen, Sekten, kriminellen Vereinigungen und Personennetzwerken.
10. falsch: Es gibt einige Geheimbünde, die im Mittelalter entstanden sind.
11. falsch: Der dritte Teil der Dokumentation beschäftigt sich mit den Zusammenhängen zwischen aktuellen Verschwörungstheorien und Spekulationen über die Machenschaften zeitgenössischer Geheimbünde.
12. richtig

D   Arbeitswelt

D1

D1a) b. 4   c. 2   d. 7   e. 5   f. 3   g. 6

D1b)
2. richtig: Bis zum Vortag der Konferenz können noch weitere Themen genannt werden, über die gesprochen werden soll.
3. richtig: Frau Dr. Jurak soll bis Ende der Woche die Daten in einer Excel-Datei überprüfen.
4. richtig: Herr Ebner hat angerufen, dass er krank ist und heute nicht an der Rezeption arbeiten kann.
5. richtig: Herr Angerer möchte nächste Woche Herrn Neumann, Herrn Färber und Herrn Wagner treffen und sich eine Stunde lang mit ihnen unterhalten.
6. richtig: Herr Müller hat alle Formulare an die Dienstreisestelle geschickt, damit diese seinen Antrag genehmigt und er ihn seinem Chef zur Unterschrift geben kann.
7. Herr Wolf freut sich auf seine neue Stelle in Madrid, aber gleichzeitig ist er auch traurig, weil er sich von seinen Mitarbeiter/-innen verabschieden muss, mit denen er sehr gern zusammengearbeitet hat.

D1c) 2. Liebe Kolleginnen und Kollegen,
in den nächsten zwei Tagen werden Sie
mich nicht im Büro erreichen, da ich auf
Kurzurlaub bin. Ab Montag treffen Sie
mich wieder im Büro an. Meine Vertretung hat Frau Büsing übernommen;
sie hat die Durchwahl -18.
Beste Grüße
Gerd Weigel

3. Sehr geehrte Frau Moser,
wie bereits gestern telefonisch bespro-
chen, schicke ich Ihnen hier im Anhang
das Formular für den Urlaubsantrag.
Könnten Sie es bitte bis Ende der Woche
ausfüllen? Dann kann ich es der
Verwaltung zur Bearbeitung übergeben.
Vielen Dank im Voraus und freundliche
Grüße
Herbert Großner

4. Liebe Kolleginnen, liebe Kollegen,
am Mittwoch, den 7.4., findet um 10 Uhr
ein Mitarbeitertreffen statt. Als Tages-
ordnungspunkte sind angedacht:
TOP 1: Einarbeitung neuer Mitarbeiter
TOP 2: Sauberkeit in der
        Mitarbeiterküche
TOP 3: Urlaubsregelung Weihnachtszeit
Ergänzungsvorschläge zu den Tagesord-
nungspunkten nehme ich gerne bis
Dienstag entgegen.
Beste Grüße
Veronika van Miert

5. Liebe Kolleginnen und Kollegen,
zum Monatsende müssen wir leider
unseren geschätzten Mitarbeiter Jonas
Merten verabschieden, der eine neue
Stelle im Ausland antritt. Wir werden
seine unkomplizierte Art, seine Zuverlässigkeit und seinen Humor vermissen
und wünschen ihm für seinen weiteren
Berufsweg alles Gute und viel Erfolg!
Mit besten Grüßen
Dorothee Moosburg

6. Lieber Herr Wagner,
bitte suchen Sie doch in meinem
Kalender noch diese Woche einen freien
Termin, an dem auch unsere Kollegin
Frau Müller teilnehmen kann. Auch soll-
ten Sie bitte den Geschäftsführer des

Verlags dazubitten. Setzen Sie mich bitte
in cc.
Schöne Grüße
Susanne Sommerer

7. Sehr geehrte Damen und Herren,
im Anhang schicke ich Ihnen die noch
fehlenden Unterlagen zu meinem Antrag
auf Erstattung der Unkosten. Könnten Sie
mir bitte bis Ende der Woche Bescheid
geben, wie hoch die Erstattung sein
wird?
Mit bestem Dank und freundlichen
Grüßen
Anna Breitner

D2

D2a) 1. 2. d) 3. b) 4. e) 5. h) 6. i)
         7. a) 8. f) 9. c)
      2. 1. b) 2. f) 3. d) 4. e) 5. a)
         6. c)
      3. 1. c) 2. e) 3. f) 4. d) 5. b)
         6. a)

D2b) 1. Sehr geehrte Frau Maier,
vielen Da<u>nk für Ihre ausführliche Antwort.</u>
Sehr gerne <u>würde ich ein</u> Doppelzimmer
<u>für meine</u> Tochter und ihre Freundin
buchen. Wäre <u>ein Zimmer vom 1.8. bis</u>
<u>zum 14.8. frei</u>?
Sobald <u>ich die Buchungsbestätigung von</u>
<u>Ihnen</u> erhalten <u>habe</u>, werde <u>ich das</u> Geld
<u>überweisen.</u>
<u>Können die</u> Mäd<u>chen die zusätzlichen</u>
<u>Reitstunden bar</u> be<u>zahlen</u>?
Herzlichen Dank und freundliche Grüße
Ulla Dobertin

2. Sehr geehrte Frau Yilmaz,
<u>entschuldigen Sie bitte,</u> dass <u>die</u>
<u>Rechnung noch nicht</u> be<u>zahlt</u> w<u>urde.</u>
Dies <u>war ein</u> V<u>ersehen unserer</u>
Rechnungsstelle. D<u>er Betrag w</u>ird <u>in</u>
<u>den nächsten Tagen umgehend</u>
<u>überwiesen.</u>
Mit <u>der Installation der</u> Fu<u>ßbodenheizung</u>
<u>waren wir sehr</u> zu<u>frieden und</u> we<u>rden</u>
<u>Ihnen</u> sicher<u>lich in</u> K<u>ürze neue</u> A<u>ufträge</u>
ert<u>eilen.</u>
Mit freundlichen Grüßen
Ralf Altmann

3. Sehr geehrte Frau Wagner,
vielen Dank für die Anmeldebestätigung.
Nun hätte ich doch noch ein paar Fragen:
Wäre es vielleicht möglich, die Kursgebühr in zwei Raten zu bezahlen? Ich
könnte die erste Rate sofort begleichen,
die zweite würde ich jedoch gerne erst
zu Kursende bezahlen.
Auch wäre es schön, wenn Sie mir
bitte den Titel des Kursbuches nennen
würden. Ich möchte mich gerne schon
ein wenig zu Hause vorbereiten.
Außerdem wüsste ich gern, wie
viele Teilnehmer es maximal in der
Lerngruppe gibt.
Herzlichen Dank für eine kurze
Rückmeldung.
Freundliche Grüße
Dominique Stephen

D3

D3a) TOP 1: 2. b)   3. g)   4. e)   5. a)
            6. h)   7. f)   8. c)
        TOP 2: 1. d)   2. h)   3. c)   4. a)
            5. f)   6. e)   7. g)   8. b)
        TOP 3: 1. d)   2. f)   3. b)   4. e)
            5. a)   6. c)

D3b) Zu TOP 1: richtig: 4., 5., 6.
                falsch: 2., 3., 7.
        Zu TOP 2: richtig: 3., 5.
                falsch: 1., 2., 4.
        Zu TOP 3: richtig: 2., 5.
                falsch: 1., 3., 4.

E   **Umwelt und Natur**

E1

E1a) 1. b)   2. a)   3. d)   4. c)   5. f)
        e) kann nicht zugeordnet werden

E1b) 1. Sehr geehrte Damen und Herren,
        das Projekt im Nebelwald von Ecuador
        interessiert mich sehr und ich hoffe, dass
        ich im Rahmen des Freiwilligendienstes
        eine Unterstützung sein kann. Ich reise
        gern, möchte aber nicht nur als Tourist
        ein Land kennenlernen.
        Mein besonderes Interesse gilt der
        Entwicklungspolitik.

Als Student des Ingenieurwesens kann
ich sicherlich meine in einigen Praktika
erworbenen Kenntnisse sinnvoll
einsetzen, wie eine Bestandsaufnahme
der Bäume durchgeführt werden sollte.
Auch arbeite ich methodisch exakt
und ordentlich und bin körperlich gut
trainiert, weshalb auch schwer zugäng-
liche Gebiete für mich kein Problem
darstellen sollten.
Über eine baldige positive Antwort
würde ich mich freuen.
Mit freundlichen Grüßen
Alexander Meier

2. Liebes Team,
nachdem ich gerade mein Abitur
gemacht habe, möchte ich für ein halbes
Jahr gerne bei eurem Schutzprojekt für
Meeresschildkröten mitarbeiten.
Spanisch ist für mich kein Problem,
auch kann ich gerne Tages- und
Nachtschichten übernehmen.
Ich freue mich, bald zu eurem Team
zu gehören!
Viele Grüße
Agnes

3. Sehr geehrte Damen und Herren,
illegaler Tierhandel und Unterstützung
indigener Familien aus dem Amazonas-
Gebiet, die versuchen, ihre Heimat zu
schützen, sind meiner Meinung nach
wichtige Themen, die eine Regelung
durch schärfere Gesetze brauchen. Als
Student der Tiermedizin und Aktivist im
Umweltschutz möchte ich gern sechs
Wochen lang bei Ihrem Projekt im
Amazonas-Tierreservat mitarbeiten.
Bitte geben Sie mir Bescheid, wenn bei
meinen Unterlagen zur Anmeldung noch
etwas fehlt.
Mit freundlichen Grüßen
Moritz Meininger

E2

E2a) 1b) richtig: Die Fischereiindustrie muss ihre
                Fangmethoden ändern, damit nicht
                bald viele Fische vom Aussterben
                bedroht sind.

1c) richtig: In den Netzen werden viele Tiere gefangen und getötet, die man gar nicht essen kann.

1d) richtig: Die Politiker setzen Grenzen fest, wie viele Fische pro Jahr gefangen werden dürfen.

1e) richtig: Der Meinung von Meeresbiologen nach sollte noch viel weniger Fisch als momentan erlaubt gefangen werden, damit sich die Bestände erholen können.

1f) richtig: Letztendlich entscheidet die Nachfrage des Konsumenten darüber, ob die Überfischung in dem Maße weitergeht.

2a) richtig: Wenn man Fleisch essen möchte, sollte man sowohl an seine Gesundheit als auch an die Umwelt denken.

2b) richtig: Die Fleischproduktion besetzt große Teile der landwirtschaftlichen Flächen, die damit für den Anbau von Gemüse und Obst verloren gehen und große Mengen an Wasser verbrauchen.

2c) richtig: Die Flächen, auf denen intensiv Tierfutter angebaut wird, werden gedüngt und mit Herbiziden und Pestiziden bearbeitet, was schlecht für die Qualität des Grundwassers ist.

2d) richtig: Die Fleischproduktion ist Grund für viele Abgase, die für die Klimaerwärmung verantwortlich sind, die sogenannten Treibhausgase.

2e) richtig: Wenn Tiere zu wenig Bewegung und frische Luft haben, werden sie schneller krank und brauchen viele Medikamente.

2f) richtig: Die Deutschen sollten ihren Fleischkonsum halbieren.

E2b)
2. überlebenswichtig: über / das Leben / wichtig; Etwas ist wichtig, um am Leben zu bleiben.

3. Existenzgrundlage: die Existenz / der Grund / liegen, die Lage; Etwas stellt die Basis für das Leben dar.

4. Bestand: stehen / bestehen; wie viele Fische es gibt.

5. Überfischung: über / der Fisch, fischen; mehr Fische fangen als nachwachsen können

6. Ausbeutung: aus / die Beute; etwas nehmen, ohne etwas zurückzugeben

7. Aussterben: aus / sterben; Nicht nur einzelne Fische, sondern eine ganze Fischart stirbt.

8. Beifang: bei / fangen, der Fang; Tiere, die ohne Absicht mitgefangen werden

9. Umweltschutzorganisationen: um / die Welt / der Schutz / die Organisation; Organisationen, die sich um die Umwelt kümmern und die Natur schützen

10. Verbraucher: brauchen, verbrauchen; jemand, der ein Produkt kauft und für sich benutzt

E2c)
1. bewusst: wissen; Man weiß um die Folgen einer Sache.

2. aufwändig: der Aufwand; Etwas kostet viel Mühe und Energie.

3. Viehhaltung: das Vieh / die Haltung, halten; Jemand besitzt Nutztiere.

4. Anbauflächen: anbauen, der Anbau / die Fläche, flach; eine landwirtschaftliche Nutzfläche, wo Nahrungsmittel wachsen können

5. Unkrautvernichtungsmitteln: das Kraut, das Unkraut / vernichten, die Vernichtung / das Mittel; eine Substanz, die das kaputt macht, was nicht auf dem Feld wachsen soll

6. Weidegang: die Weide / gehen, der Gang; Die Tiere gehen auf eine Wiese und fressen dort Gras.

7. tiergerechter: das Tier, gerecht, das Recht; Die Landwirtschaft beachtet die Rechte und Bedürfnisse der Tiere.

E3

E3a)
1. Wirtschaftlichkeit 2. Verlust
3. Lebensqualität 4. weltweit
5. Rückgang 6. Verbreitung 7. Ertrag
8. Eigenschaften 9. Umweltbedingungen
10. Niederschläge 11. widerstehen
12. Getreide 13. Massentierhaltung
14. schützen 15. schaden 16. Krankheitserreger 17. Landwirtschaft
18. Entwicklung 19. Geschmack
20. gleichmäßig 21. wässrig 22. eignen
23. Aussterben 24. unwiederbringlich
25. gefährdeten 26. Ziel 27. Tierschutz
28. Widerstandskraft 29. Eigenschaften

30. Landschaften 31. Kraft 32. Mechanisierung 33. Mängel 34. Betreuung
35. kostenintensiv 36. Weltbevölkerung

E3b) 2. l) 3. a) 4. e) 5. b) 6. c) 7. h)
8. f) 9. j) 10. k) 11. d) 12. g)

E3c) 2. nur wenige Konzerne weltweit, die
Saatgut und Pestizide für Pflanzen
produzieren
3. damit sie maschinell einfach weiterverarbeitet werden können
4. genau an die Umweltbedingungen
angepasst
5. Kraft geht ins Korn, nicht in den Wuchs
einer hohen Pflanze; kein Bedarf an
Stroh in der Massentierhaltung
6. Gifte schaden ihnen; durch die
Unkrautvernichtung bekommen sie
nicht genug Nahrung
7. ohne die Bienen fällt ein Drittel der
menschlichen Nahrung weg
8. sind nicht für den Transport geeignet
9. Haltungsbedingungen schaden den
Tieren; genetisches Material wird immer
gleichförmiger
10. die mechanisierte industrielle Landwirtschaft will Hochleistungstiere
11. Mängel können nur durch umfangreiche
medizinische Betreuung ausgeglichen
werden
12. optimal an regionale Gegebenheiten
angepasst; wichtig für die Ernährung
der zunehmenden Weltbevölkerung
13. wirtschaftliche und politische Interessen

F Religion und Spiritualität

F1

F1a) 1b) kritisch
1c) positiv
1d) positiv

2a) kritisch
2b) positiv
2c) positiv
2d) kritisch

3a) positiv
3b) kritisch
3c) kritisch
3d) positiv

F1b) *Lösungsmöglichkeiten:*
1. *Sehr geehrte Damen und Herren,
ich habe großes Interesse an dem Kurs
„Tarotkarten richtig deuten". Vorab hätte
ich aber noch ein paar Fragen:
Welche Legetechniken werden wir erlernen
und nach welchem Interpretationsansatz
unterrichten Sie?
Gibt es vielleicht Literatur, die Sie mir
nennen könnten, mit der ich mich schon
ein bisschen auf den Kurs einstimmen
kann?
Denken Sie, dass man mit einem Kurs das
Kartenlegen bereits gut lernen kann, oder
muss ich vermutlich mehrere Kurse
besuchen?
Wäre es eventuell auch möglich, die
Kursgebühr in zwei Raten zu bezahlen?
Auf einmal habe ich leider nicht so viel
Geld zur Verfügung.
Herzlichen Dank im Voraus für Ihre
Antwort!
Mit freundlichen Grüßen,
Paul Müller*
2. *Guten Abend,
bevor ich mich endgültig zum Astrologie-
kurs anmelde, möchte ich noch folgende
Fragen stellen:
Wo kann ich meine genaue Geburtszeit
erfahren? Die Aussage meiner Mutter war
sehr ungenau.
Lerne ich im Kurs die Methode der
Berechnung oder soll ich mir ein
Astrologieprogramm für den Computer
kaufen?
Ich weiß jetzt schon, dass ich leider an
einem Abend nicht teilnehmen kann.
Wie kann ich erfahren, was gemacht
wurde, und alles nachlernen?
Vielen Dank für eine kurze Rückmeldung
und viele Grüße
Marion Hagen*
3. *Liebe Karla,
ich möchte mich gern für deinen
Workshop anmelden.
Darf ich aber vorher noch ein paar Fragen
stellen?*

Ich bin momentan in einer schwierigen Lebenssituation. Macht es dennoch Sinn, sich mit der Energiearbeit zu beschäftigen? Oder denkst du, ich sollte mich erst einmal behandeln lassen?
Lerne ich in diesem Workshop auch richtig zu meditieren? Ich habe es nämlich einige Male erfolglos versucht ...
Bekomme ich nach der Anmeldung noch Informationen, welche Kleidung am besten ist und wo ich übernachten kann?
Vielen Dank und ich freue mich sehr auf das Wochenende!
Annabel Lodenmeyer

F2

F2a) 2. b) 3. k) 4. g) 5. c) 6. i) 7. f)
8. d) 9. a) 10. j) 11. e)

F2b) 2. f) 3. k) 4. a) 5. d) 6. j) 7. h)
8. n) 9. i) 10. e) 11. l) 12. g) 13. m)
14. c)

F2c) 2. Er soll die vielfältigen Anforderungen des modernen Lebens „ausschalten" und den Menschen ermöglichen, wieder in Kontakt mit sich selbst zu kommen.
3. Nein, er belastet die Finanzen nicht zu sehr, obwohl es auch hier unterschiedliche Angebote gibt.
4. Das waren anfangs hauptsächlich Führungskräfte von großen Firmen.
5. Wenn sie sich in schwierigen Lebenssituationen befinden oder vor wichtigen Entscheidungen stehen.
6. Das beginnt mit der morgendlichen Messe um 5 Uhr, beinhaltet die Erfüllung aller Aufgaben in Garten, Küche und Haus, lässt alle Mahlzeiten zu festen

Zeiten und in Stille vor sich gehen und fordert in einigen Klöstern auch oft tagelanges Schweigen.
7. Eher Frauen, weil sie offener für eine Begegnung mit sich selbst sind und weniger Angst vor Ruhe und Stille haben. Männer bevorzugen eine Auszeit, die mit körperlicher Bewegung verbunden ist.
8. Wenn wir einmal nicht jedes unangenehme Gefühl mit einer Aktivität vertreiben wollen.
9. Was sie mit dieser erdrückenden Menge an Zeit machen sollte, ohne Handy, ohne Internet, ohne Fernseher, ohne Freunde, Familie, Arbeitskollegen und ohne Bücher.
10. Die Mahlzeiten schweigend einzunehmen und sich nur auf das Essen zu konzentrieren, ohne gleichzeitig Konversation betreiben zu müssen.
11. Weil Gedanken, Stress und sogar Panik hochgekommen sind und sie kaum geschlafen hat.
12. Auf ihren Spaziergängen in der Natur.
13. Der Weg zurück in die laute Welt der pausenlosen Beschäftigung, der Alltagshektik und der dauernden Beschallung.
14. Eine erhöhte Aufmerksamkeit und Achtsamkeit sich selbst gegenüber und das Gefühl, wie es ist, sich mit nur einer einzigen Sache zu beschäftigen.

F3

F3a) 2. e) 3. a) 4. h) 5. d) 6. b) 7. f)
8. g) 9. i)

F3b) richtig: 2., 3., 6., 8., 9., 10., 14.
falsch: 4., 5., 7., 11., 12., 13.